MONTRÉAL ON FOOT

WITH

LOUISE PELLETIER

ARCHITECTURAL DESIGNER

OLD MONTRÉAL

AND THE OLD PORT

Sgräff

FOREWORD

INTRODUCTION

TOUR 1
Western circuit

TOUR 2
Eastern circuit

TOUR 3
Hidden gems of Old Montréal: art underground

THE CHANGING SEASONS

FOR MORE INFORMATION

**Inseparable
Complementary
And so different!**

FOREWORD

A walk through Old Montréal is a rendezvous with history; its built heritage offers a glimpse back at the origins of this district at every turn. Remains of fortifications, street names, staggered chimneys, gargoyles, Art Deco metro entrances, and marble columns are just some of the reminders of a past tracing back to the founding of Ville-Marie in 1642.

Old Montréal
Ville-Marie borough

The Old Port
Federal jurisdiction
■ The quays
■ The Montreal
  Science Centre
■ The Clock Tower

Follow me through the pages of this guide. I've created two walking tours through the streets of Old Montréal—one on the west side, the other on the east*—and a third in which you'll discover its cultural underground. You'll also find a few ideas for activities you can enjoy at your leisure, according to the season and to your mood.

In each tour, I've included some historical notes about the architecture or the development of the area, as well as some suggestions for restaurants in the neighbourhood (my personal favourites!). Lastly, I've provided information on public transit, as each tour is designed to be done without a car.

This guidebook is for your pleasure. I hope it will stimulate your curiosity, delight your sense of discovery, and awaken all your senses. Feel free to follow each tour exactly as mapped out or to wander off the prescribed route and explore other places that catch your eye; you can return the circuit whenever you feel like it.

Historical note

Did you know that Old Montréal developed in two sections? The oldest institutions, dating back to the 17th century, were first established in the western sector, around Place Royale and Place d'Youville. Later, in the 19th century, after a fire destroyed the parliament buildings, new institutions sprang up around Place Jacques-Cartier, more towards the east.

Interesting fact: From 1843 to 1849, Montréal was the capital of the United Province of Canada. The seat of parliament was established on the current site of Place d'Youville, but the buildings were burned down by mobs of Tory supporters protesting the passage of a bill compensating people for losses suffered during the Patriotes Rebellion of 1837. Archeological digs conducted in 2011 by Pointe-à-Callière, the Montréal Museum of Archaeology and History, have uncovered an array of interesting artifacts.

INTRODUCTION

It has been an enormous pleasure for me to participate in the creation of this guidebook. I studied architecture and have called Old Montréal home for twenty years, so my fascination with the history of the stones, parvis, roofs, columns, and walls of my neighbourhood goes back a long way. A stroll through its streets, in any season, always reveals more secrets. This work is a collection of my discoveries, the things I have fallen in love with, and my research into this area that never ceases to surprise and fill me with wonder. This guidebook goes beyond being a traditional tourist guide, since it is a view through my eyes.

I love Montréal. Originally from L'Islet-sur-Mer in the Bas-Saint-Laurent, I first discovered this metropolis when I was a child, during Expo 67, and, subsequently, during several trips to Man and His World and La Ronde. My fascination for this city gave rise to a growing desire to live here, which

I did soon after completing my studies in architecture in Québec City. I was absolutely smitten! Its urban vitality, cultural diversity, and architectural variety and originality were just some of the things that drew me under its spell. Today, twenty years later, Montréal still bewitches me!

I'm a walker; I only use my car if I have to travel far. Otherwise, for trips around my neighbourhood, from my apartment in Old Montréal, I get anywhere I want to go on foot: I eat lunch at the popular restaurant Olive et Gourmando; I buy my fruits and vegetables in Chinatown; I shop at À table tout le monde—a favourite kitchen and tableware shop of mine on Saint-Paul St.; and I indulge in a little pampering and relaxation with my daughter or my partner at the Scandinave Les Bains or Bota Bota spas. There's only one place I don't walk: in winter, I steer clear of sidewalks that pass beneath cornices draped with dagger-sharp icy stalactites—they are deadly when they fall!

Whimsical note

My daughter grew up in Old Montréal. When she was little, she loved to pet the carriage horses and was convinced that the "calèches" were a common mode of t portation everywhere in the city!

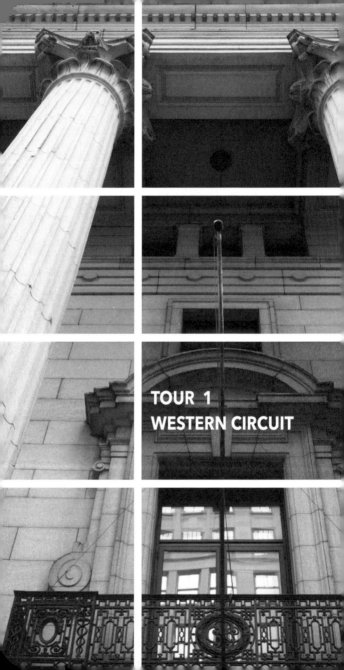

**TOUR 1
WESTERN CIRCUIT**

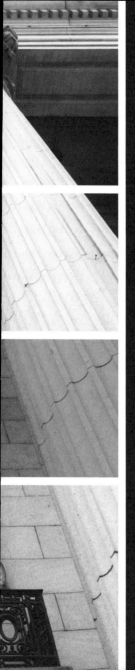

START

Metro: Place-d'Armes station, Saint-Urbain exit. Walk along Saint-Urbain St. towards the old city (where it becomes Saint-Sulpice St.) until you reach Saint-Paul St. Head west (to your right) until you get to Place Royale.

Bus: No. 715. From the Peel metro (Infotouriste centre – Dorchester Square) or the Berri-UQAM metro, the bus lets you off at Place Royale.

Bixi stations: At the corner of Saint-Nicolas and Place d'Youville streets, or at the corner of De la Commune and Saint-Sulpice streets.

REFERENCE POINTS

NATURE
Victoria Square

BUILDING
Notre-Dame Basilica

ARCHITECTURAL FEATURE
Gas streetlamps on Sainte-Hélène St.

RESTAURANT
Restaurant Gandhi
230 Saint-Paul St. West

1

Place Royale

2

147 Saint-Paul St.

Our walk through Old Montréal begins naturally with the western sector, the birthplace of Montréal. You're about to take a trip through history, from the 17th to the 21st centuries, by way of the diverse styles of architecture and historical facts I'll relate along the way: the earliest settlements; relics of both the French and English regimes; remains of the old fortifications; the Old Port; the Faubourg des Récollets, the current location of Cité du Multimédia; the imposing buildings of the big banks that proclaimed Montréal's prosperity at the end of the 19th century as well as those of the city's major dailies; and a host of other interesting discoveries. Ready?

First, make your way to **Place Royale**. I chose this as the start point due to its symbolic importance: it represents the spot where Ville-Marie was founded, in 1642, by the Sieur de Maisonneuve. (A short detour into the courtyard at number **147 Saint-Paul St.**, will reveal a plaque on the wall indicating that the founder of Montréal lived there.)

Notice the higher elevation of Place Royale in relation to the street. It was raised during the construction of the Point-à-Callière museum to house an archaeological crypt that showcases the remains of the first houses built in the 17th century. Similarly, between Saint-Paul and De la Commune streets, the pavement markings evoke the line of the old fortifications.

Resembling an alleyway more than a street, tiny De la Capitale St. extends out from either side of Place Royale. It has been suggested that it was so named because that was where capital punishment was meted out.

✱ Historical note

In 1717, stone walls were erected to replace the wooden palisades that had protected the city since 1685. The work was entrusted to engineer Gaspard-Joseph Chaussegros de Léry, who completed the enclosure around 1744. It would later be dismantled between 1804 and 1812. The area within these walls was bounded by De la Commune St. (which linked to the Old Port) to the south; McGill St. (which was widened when they were demolished) to the west; Berri St. to the east; and the Ruelle des Fortifications, between Saint-Jacques and Saint-Antoine streets, stretching from the Square-Victoria to the Champ-de-Mars metro stations, to the north. In fact, the square next to the Champ-de-Mars station is the only public place where we can still see a 250-metre-long stretch of exposed ruins. Elsewhere in this neighbourhood, only pavement markings offer an indication of the site of the original fortifications.

3

Pointe-à-Callière
museum

4

Place d'Youville

5

Home of
Sieur Hector
de Callières

Towards the back, to the left (on the east side), directly facing this square, is the contemporary **Pointe-à-Callière museum**, designed by Dan Hanganu, a Romanian-born Canadian architect based in Montréal. For a gourmet dining experience, I suggest a stop at L'Arrivage restaurant, located on the upper floor of the museum's building. Its glass walls offer a magnificent view of the Old Port, with large sliding doors that open onto a terrace in the summer. This is my go-to eatery for delicious,

6

Centre d'histoire de Montréal

affordable dining, for lunch or on the weekend for brunch.

Now make your way to **Place d'Youville** St., behind the museum, to the north, and walk along this street until you get to the square of the same name. To your left is the site of the **first well to be sunk in Montréal**, dug in 1658 by Jacques Archambault, the sole ancestor of all the Archambaults in North America.

Slightly further on, at the corner of Du Port and Place d'Youville streets, you'll find yourself in front of the **home of Sieur Hector de Callières**, governor of Montréal and of New France at the turn of the 17th century. Notice the corner entrance and the turret.

Continue along Place d'Youville St. until you reach Saint-Pierre St., where you'll see a former fire station that today houses the **Centre d'histoire de Montréal**.

Old Montréal

13

Place d'Youville

Saint-Nicolas

4

5

du Port

Saint-François-Xavier

3

de la Commune

Place Royale

The building is noteworthy for its location in the middle of a public square—a rarity in Montréal—and for its Flemish-inspired architecture.

Turn left onto Saint-Pierre St., until you get to the remains of the walls of the **old chapel of the General Hospital of Montréal**. Built by the Charon brothers in 1695, it was later turned over to Marguerite d'Youville. The chapel was demolished in 1872 to allow for the extension of the Saint-Pierre St.

7

Old chapel of the General Hospital of Montréal

8

Building characteristic of the French regime

At Marguerite d'Youville St., turn right, then right again onto Normand St. A little further up, to your right, is a **building whose architecture is characteristic of the French regime**, with its S-shaped irons inset into the rubble wall (a wall composed of roughly shaped stones). Notice the staggered chimney that straddles the pitches of different roofs.

At the end of the road is an empty space where **archaeological excavations** were carried out on the site of the former parliament buildings of the United Province of Canada, which were burned down in 1849.

9

Monument to John Young

 Architectural note

Did you know that many buildings were constructed using stones carried as ballast in ships coming from Europe? Upon their arrival in Montréal, the stones were unloaded to make room for goods bound for France or England.

After the fire, the capital was located alternately between Toronto and Québec City.

Now walk south on either Saint-Pierre St. or Saint-Normand St. to get to De la Commune St., which marks the line of the old fortifications. As you approach the intersection of De la Commune, Saint-Pierre, and Marguerite d'Youville streets in the Old Port, admire the fountain that graces the corner. It is a **monument to John Young**, erected to commemorate the important role he played in the development of the Port of Montréal, officially opened in 1830. Made of bronze and granite, it was sculpted by **Louis-Philippe Hébert** and unveiled in 1911, the 100th anniversary of Young's birth.

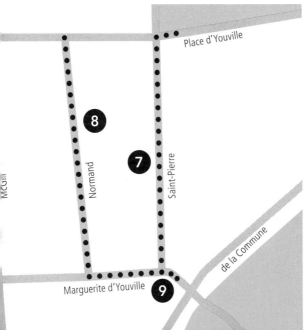

Place d'Youville

McGill

Normand

Saint-Pierre

de la Commune

Marguerite d'Youville

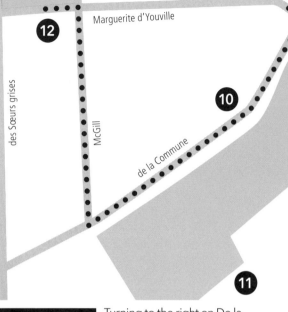

Marguerite d'Youville

des Sœurs grises

McGill

de la Commune

10

357 C De la Commune St.

11

Bota Bota

12

Former Union Station

Turning to the right on De la Commune, walk to number **357 C**. This former Harbour Commission Building dates back to 1874 and is now owned by **Daniel Langlois**, who transformed it into a private establishment to provide an inspiring space where business and creative ideas can cohabit. A patron of the arts, science, and technology, Langlois wanted to restore the building as architects back then might have envisioned it had they had access to today's materials and technology.

Directly across from this building is the **Bota Bota** floating spa. Originally a ferryboat that sailed between Sorel and Berthier, it enjoyed a stint as a show boat named L'Escale in 1967, and was transformed into a spa in 2010, under the

direction of **Jean Pelland** of Sid Lee Architecture. It was an ambitious but successful project. I thoroughly enjoy going there to relax and to admire the stunning view of Old Montréal and the surrounding area through its **678 portholes**!

If you continue walking westward on De la Commune St., you'll soon reach McGill St. Turn right and walk until you get to Marguerite d'You-ville St. On your left, you'll see a brick building. The site of the **former Union Station**, it was built in 1920 as the terminus for an interurban streetcar that served towns on the South Shore. Today it is one of a chain of gourmet pizza restaurants, but I remember when it was home to another restaurant that had an eclectic decor chock-full of vintage memorabilia and served the best

13

Darling Foundry

hamburgers in town! I was a frequent patron of this establishment, since my studio was right next door.

You're now at the western boundary of Old Montréal, but I'm going to take you just beyond this point, to the **Cité du Multimédia**. * Continue along Marguerite d'Youville St. until Des Sœurs-Grises St., turn right, walk to Wellington St., then turn left. I opened my first design office on this street, at a time when rents were dirt cheap. Today, the area has many lofts occupied by artists.

And speaking of artists, I'd like to take you to a place that's buzzing with creative and artistic energy:

★ Historical note

Formerly known as Faubourg des Récollets, this district is bounded by De la Commune St., the Bonaventure Expressway, McGill St., and Saint-Jacques St. It experienced a downturn in the 1950s following a decline in industrial activities, and the situation worsened even further in the 1970s after the closing of the Lachine Canal and the construction of the Bonaventure Expressway. In a bid to revitalize the area, the government launched a job creation grants program to encourage businesses to become established here. In 1998, the Cité du Multimédia was formed, and approximately 6,000 people work here today, mainly in the sector of new technology.

the **Darling Foundry**. To get there, continue along Wellington St. until you get to Queen St., turn right, walk to Ottawa St., then turn left. This erstwhile foundry was established by the Darling brothers in 1880, when industrial activity in Montréal was in full bloom. Its structure is made of concrete with steel rod reinforcements, and its façade is clad in brick. The building was nicknamed "the snake" because of the elaborate ventilation system on its roof. In 2002, architects from the award-winning firm **Atelier in situ** (Ordre des architectes du Québec, 2003) transformed one of the buildings into a visual arts centre, in collaboration with **Quartier Éphémère**, an organization that, as its name suggests, is devoted to supporting the ephemeral arts. This first building, located at number 745, is home to a permanent gallery, a multi-purpose hall, and a café-restaurant. The second, at number 735, has a dual vocation: it hosts artists from here and abroad, by both providing them with residences and giving them access to art studios.

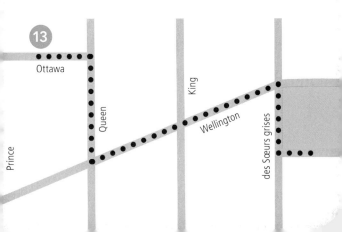

Now let's return to Old Montréal. Continue along Ottawa, turn right on Prince St. and right again on William St. At number 682, at the intersection with King St., is the **Abner Bagg house**, which belonged to William Dow, master brewer at the storied eponymous brewery, who lived there from 1844 to 1868. Notice the arches of the two doors; in all likelihood, these were built from doors belonging to the old citadel. Continue along William St. until you get to McGill St., from where you'll have a glorious view some distance away of the **Centre d'histoire de Montréal**, with its distinctive architecture. Now head left on McGill St. If at this point you feel like a bite or a drink, drop into **Boris Bistro**, 485 McGill St., and relax on the indoor terrace. A lovely spot when the weather is nice!

Now go north until you get to **Victoria Square**. This space had originally been a hay market, built over dried marshland. In 1813, it was named Commissioners Square, for the three commissioners who had overseen the demolition of the fortifications, and was only rebaptized in honour of Queen Victoria on the occasion of the Prince of Wales' visit to Montréal in 1860. A monument was subsequently erected in his honour. ✳

Whimsical note

Did you know that the statue of Queen Victoria didn't always face the same way? When she was first installed, the monarch gazed out towards the port. In subsequent years, the monument was moved so that the Queen's attention would be turned towards the centre of town and the mountain, the new hub of economic activity.

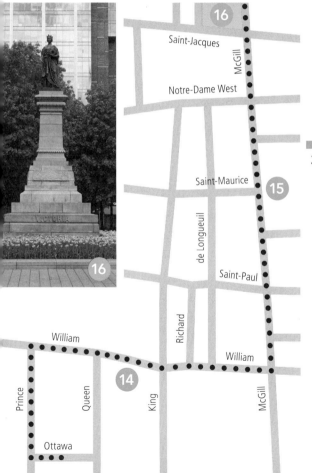

16

Saint-Jacques

McGill

Notre-Dame West

Old Montréal

21

Saint-Maurice

15

de Longueuil

Saint-Paul

Richard

William

William

14

Prince

Queen

King

McGill

Ottawa

Stroll around the square at dusk to fully appreciate the details of the buildings that surround it, as they are superbly enhanced by architectural lighting. Make sure to notice:

■ the **Parisian-style Art Nouveau metro entrance** by designer Hector Guimard. This graceful portico was a gift from France to commemorate the opening of the Montréal metro in 1967;

■ at the north end, the **work by Taiwanese sculptor Ju Ming**, entitled *Taichi Single Whip*.

Victoria Square is divided in two by Saint-Antoine St., the path along which the **Saint-Martin River** once ran. Its source high atop Mount Royal, the Saint-Martin once flowed through the entire Plateau-Mont-Royal neighbourhood down to La Fontaine Park, where, today, you can see ponds that are vestiges of this former waterway.

To your left, on Saint-Antoine St., you'll see the building that houses the **Caisse de dépôt et placement du Québec** (CDP). Architect and urban planner **Renée Daoust** was responsible for the building's unique design, which garnered many prestigious awards and was labelled a 'pioneering project in sustainable development.'

Now walk down the east side of Victoria Square until you get to **Saint-Jacques St.** (formerly St. James St.). Many banks and head offices were located on this thoroughfare in the 19th century and into the beginning of the 20th century. * Today, this is a popular location for movies as it bears a resemblance to some streets in New York City.

Historical note

The construction of the Lachine Canal (dug by Irish workers living in Griffintown), which provided a navigable link between the Atlantic and the Great Lakes, boosted the city's economic development. This boom lead to the establishment of many major banks along St. James St. (later renamed Saint-Jacques St.). Towards the end of the 19th century, a number of shops (such as Morgan's) moved to Sainte-Catherine St., while local dailies (The Gazette, La Presse) set up shop on Craig St. (now Saint-Antoine), bordering the old fortifications.

During its heyday, St. James St. was marked by the presence of a number of magnificent head offices. Wind your way down this street until you reach Saint-Laurent. Make sure to note:

■ Number 360, the **new head office of the Royal Bank** (1928), which, by the time it was finished, at 22 floors, was the tallest building in the whole British Empire.

■ Number 355, the **Merchants' Bank** (1873), originally resembled the Molson Bank building (1866). Additional floors were added, and today it is home to the prestigious **Hotel Le St-James**.

■ Number 288, the **Molson Bank** building (1866), reminiscent of certain Parisian hotels, was one of Montréal's first buildings designed in the Second Empire style.

■ Number 272, the eight-storey **Canada Life Insurance** building (1895), was the first building in Montréal, if not in Canada, with a steel structure.

■ Number 265, the **Canadian Bank of Commerce** (1909), features a distinctive Corinthian colonnade. Take a moment to admire the sculpted Victories in the form of mastheads that grace its lobby.

20
Royal Bank
(1928)

21
Merchant's Bank
(1873)

■ Canada's first bank (1817), the
Bank of Montreal, was established
at number 129 Saint-Jacques St.
in 1819. The bank prospered and
commissioned British architect
John Wells to design a new head
office across from Place d'Armes,
which was inaugurated in 1847. The
lobby is worth visiting to admire the
four bas-reliefs carved in England
for the former head office.

■ The **Banque du Peuple** located
its head office at number 55 Saint-
Jacques St. in a building that first
went up in 1873 and was added to
in 1894.

Old Montréal

25

Across from the Bank of Montreal, **Place d'Armes** opens to the right. The land occupied by this public space, created in 1693, belonged to the Sulpicians. It would later become the transit hub for the city's tramway lines at a time when the public transit system still depended on rails. The main points of interest in this square are:

■ The **monument to Paul de Chomedey de Maisonneuve**: a bronze sculpture commemorating the key figures linked to the founding of Montréal. It portrays de Maisonneuve surrounded by Jeanne Mance, Raphaël-Lambert Closse, Charles Lemoyne, and an Iroquois brave.

■ The **Notre-Dame Basilica**: built between 1824 and 1829 in a Neo-Gothic style, it replaced an older church that had stood on the other side of Place d'Armes. It's definitely worth a visit to admire its large organs, star-spangled vault, and finely sculpted polychrome woodwork and decoration (inspired by the Sainte-Chapelle in Paris) dating back to the end of the 19th century.

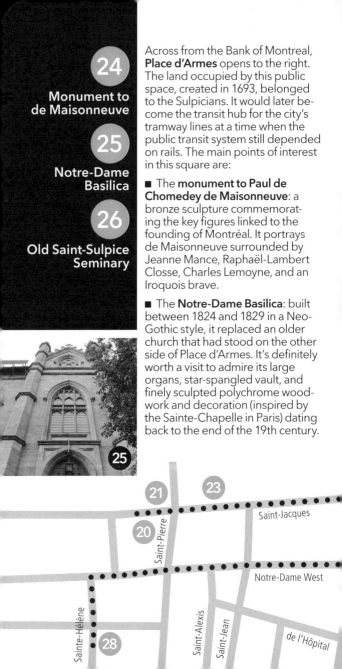

27

New York Life

28

Gault Hotel

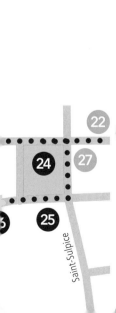

■ The **old Saint-Sulpice Seminary**: Montréal's oldest building (1685), still occupied today by the same priestly order.

■ The **New York Life building**: Montréal's first skyscraper, built out of red sandstone in 1888. It also boasted the city's first elevator.

From the other side of the square, turn right on Notre-Dame and walk a few blocks until you reach Sainte-Hélène St. on your left. This street is unique in that it is lined with functioning **gas lamps**! To my knowledge, these are the only gas streetlamps in Montréal. At number 449 is the **Gault Hotel**, with its remarkable corner entrance. This building was erected in 1871.

Old Montréal

Turn left on Des Récollets St. (east-ward) and keep going until you get to Saint-Pierre St., then turn right and continue on to Saint-Sacrement St. Turn left and walk until you get to **Saint-Jean St.**, then take another left. A sign on the sidewalk indicates **DHC/ART**—you don't want to miss this place! Open the door to the lobby of this immense **Art Deco building**, built in 1926, and step into one of the most exciting venues for visual arts in Montréal. A premier exhibition space, DHC/ART is dedicated to the presentation of some of the most important contemporary art from around the world. Make sure to visit both locations, at 451 and 465 Saint-Jean St.

Continue to walk along Saint-Jean St. until you get to De l'Hôpital St.,

29
DCH/ART

30
451 and 465
Saint-Jean St.

31
Centaur Theatre

es Récollets

Saint-Pierre

Saint-Alexis

Saint-Jean

30

de l'Hôpital

29

31

Saint Sacrement

Saint-François-Xavier

le Moyne

Saint-Paul West

then turn right. This minuscule street was once used by the **Amerindians** to travel to the hospital, which was located on the modern-day site of Cours Le Royer. Look up to admire the **gargoyles** adorning the building on the corner, at 232. At the end of the street, where it intersects with Saint-François-Xavier, stands the façade of the **Centaur Theatre**, the largest English playhouse in Montréal, formerly the lobby of the **first Montreal Stock Exchange** (1883).

Turn right on Saint-François-Xavier St. (south) and walk to **Saint-Paul St. West** (Montréal's oldest street), where you'll and find a few shops showcasing contemporary designs for the kitchen and table as well as clothing by talented local fashion designers, which are among my favourites. To your right:

■ 350: **Espace Pépin**: accessories and an art gallery.

■ 361: **À table tout le monde**: kitchen and tableware, utensils.

■ 384: **Michel Brisson**: men's fashions in a boutique designed by Saucier+Perrotte.

Now head back the other way, towards Saint-Dizier St. Along the way:

■ 170: **Denis Gagnon**: couture collections that are true works of art.

■ 70: **Delano Design**: women's fashions and personal styling services.

When you reach Saint-Dizier St., turn left. A few steps ahead, the road opens onto **Le Royer St.** to your left. The site of this **charming tree-lined pedestrian mall** used to belong to the Religious Hospitallers. On it used to stand the Hôtel-Dieu de Montréal, the first hospital of New France, founded in 1642 by Jeanne Mance.

33

Stroll through this walkway to Saint-Sulpice St., turn right and return to Place d'Armes, which marks the end of our western circuit.

From here, you have three options:

1) Continue walking east (turn right) on Notre-Dame St. to get to the start point of the eastern circuit by crossing through the Allée des Huissiers, or Bailiffs' Alley, (left) to make your way back to Champ-de-Mars;

2) Go to the Place-d'Armes metro station;

3) Walk down to the Palais des congrès (convention centre) to take the underground circuit.

32

Delano

33

Cours Le Royer

34

Saint-Sulpice St. towards Place d'Armes

34

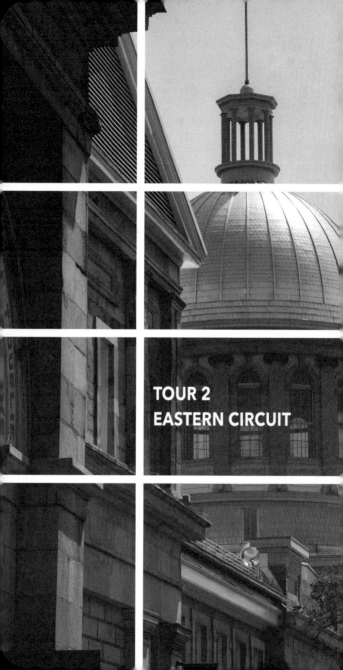

**TOUR 2
EASTERN CIRCUIT**

START

Metro: Champ-de-Mars station, Saint-Antoine St. exit, south sidewalk.

Bixi stations: De l'Hôtel-de-Ville Ave., near Saint-Antoine St. East or Viger Ave. East.

REFERENCE POINTS

NATURE
Place de la Dauversière

BUILDING
Bonsecours Market

ARCHITECTURAL FEATURE
Remains of the old fortifications on the Champs-de-Mars

RESTAURANT
Club Chasse et Pêche
423 Saint-Claude St.

1

Champ-de-Mars

2

Statue of Jean Vauquelin

You're on the east side of Old Montréal here. If you've just completed the western circuit and you're feeling up to it, simply continue your walk from this point on. If you prefer, do the tours separately, but bear in mind that Old Montréal evolved in two sections. The western sector represents the birthplace of the founding of the city, while the eastern portion was driven by economic development throughout the 19th century (including a period under British rule, until 1867), and it saw the establishment of institutions such as the city hall, the courthouse, and the Bonsecours Market. The history of the old city is also marked by political confrontations between the French and the English and Scots at the time.✱

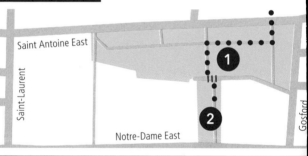

Saint Antoine East

Saint-Laurent

Gosford

1

2

Notre-Dame East

✱ Historical note

The burning of the parliament buildings in Montreal in 1849 bore witness to the hostilities that existed between the two communities. The ratification by the British Governor of various bills and measures satisfying the claims of the Patriotes, recognizing French as an official language, and securing amnesty for the leaders of the Rebellions of 1837-38, set off the frustrations of the Tories in Montréal and culminated in the burning of the parliament buildings in Place d'Youville.

Ready? Then let's get going!

Champ-de-Mars, to your right: this is the only public space where you can see the ruins of a relatively complete 250-metre stretch of the city's fortified walls (built between 1717 and 1744 and demolished starting in 1804). They were recently covered with a new contemporary crown of limestone slabs, which detracts a little from their authenticity.

Directly to the south of Champ-de-Mars, at the top of the stairway, is **Place Vauquelin**. It features a statue, sculpted by **Paul-Eugène Benet** and unveiled in 1930, to commemorate **Jean Vauquelin**, a French navy captain who fought bravely in battles against the British in the 18th century. It stares across the street at Vauquelin's counterpart, the English **Admiral Nelson**, in Place Jacques-Cartier.

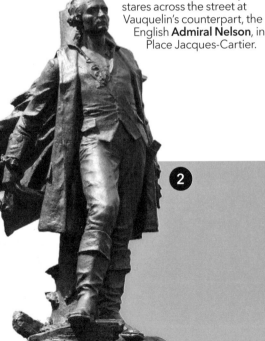

To visit **Place Jacques-Cartier** and get a closer look at **Nelson's monument**, continue southward and cross Notre-Dame St. The column's style is influenced by classic Roman monuments. It's interesting to note that the focal point of this square should not be a monument to Jacques-Cartier, the namesake of this public space, but to Admiral Horatio Nelson, the victor over Napoleon's fleet in the Battle of Trafalgar; the statue has long been the subject of controversy.

In 1807, Place Jacques-Cartier was the site of the public market, which had until then been located at Place Royale. When the Bonsecours Market opened in 1847, Place Jacques-Cartier acquired its present-day name. Of note is that when this land was turned over to the city in 1803, a condition in the deed stated that it should remain a public market in perpetuity. This is why you'll find a kiosk selling flowers and fruit in summer and maple products in winter permanently located in the centre of the square. Nestled on the southeast side of Place Jacques-Cartier is the charming **Jardin Nelson**, where you can enjoy lunch or a mid-afternoon *crêpe au chocolat*. The terrace is simply magnificent!

Cross Place Jacques-Cartier and continue on to De la Commune St. Turn left and head for **Bonsecours Market**. The main entrance is on Saint-Paul St., so you're actually admiring the back view of the first large-scale building erected by the Corporation de la Ville de Montréal. Following a competition held in the spring of 1844, **William Footner** was chosen as the project's architect. Construction began that year and continued until 1848. The building briefly housed the Parliament of United Canada in 1849 after the existing site, the Marché Sainte-Anne, was burned down, but when Montréal lost its status as the capital, the Bonsecours Market building was obliged to take on a new orientation. Between 1852 and 1878, it served as a public market, city hall, police station, concert hall, and multi-purpose building for banquets, conferences, exhibitions, etc. The **portico facing Saint-Paul St.**, with its cast iron columns, was completed in 1860. Over the years, the Bonsecours market has undergone numerous restorations. Among the objectives of the renovations to both the interior and exterior (2001-2004), executed with the greatest respect for its elements, were the reopening of the long-out-of-use porticoes at either end, and the addition of a **contemporary balcony** facing the port, which features references to the old classical colonnade.

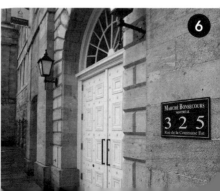

Old Montréal

7

Notre-Dame-de-Bonsecours Chapel and Marguerite-Bourgeoys Museum

Now, continue eastward to Bonsecours St., turn left, and then right at Saint-Paul St. You are now in front of the **Notre-Dame-de-Bon-Secours Chapel**, founded by Marguerite Bourgeoys in 1655. The original wooden structure was rebuilt in stone in 1675, then subsequently ravaged by fire in 1754. Its last reconstruction dates back to 1771, and its most recent alterations, including eight scenes painted by **François-Édouard Meloche**, illustrating the life of the Virgin, that adorn its **ceiling**, were carried out at the end of the 19th century.

Historical note

In 1655, Marguerite Bourgeoys—Ville-Marie's first teacher and the founder of the Congrégation de Notre-Dame—rallied the colonists to build a chapel of pilgrimage. On a trip to France in 1672, she returned with a wooden statuette of Notre-Dame-de-Bon-Secours, which miraculously escaped the ravages of the fire that destroyed the first chapel in 1754. It now graces the reliquary on the left side-altar, above the tomb of Marguerite Bourgeoys.

The chapel is also known as the Sailors' Church, which explains the **miniature carved replicas of sailing ships** hanging from its vault. Renown for its exceptional acoustics, this chapel also serves as a concert hall. If you ever have the chance to attend a performance here . . . do it!

Adjoining the chapel is the **Marguerite-Bourgeoys Museum**, dedicated to the history and archaeology of Montréal. It stands on the site of an **old Amerindian encampment** and displays, among other treasures, artifacts—some of which date back more than 2,400 years—that were excavated from the site itself, as well as **vestiges** of the foundations of the first chapel and of the wooden palisade that made up the fortifications of the town until they were replaced with stone walls.

8

Old Faubourg Québec

9

Sir-George-Étienne-Cartier National Historic Site of Canada

Continue heading east along Saint-Paul St., past Bonneau St., until you get to Berri St. Here, I want to direct your attention to the view of the old **Faubourg Québec** just beyond the eastern boundary of Old Montréal. Across the street, towards the east, is **Dalhousie Park**, where you can see vestiges of the old railway; beyond that is Jacques Cartier Bridge; towards the north, the **Viger railway station and hotel**, built towards the end of the 19th century and designed by architect **Bruce Price** (who also designed the

✱ Historical note

A faubourg can be defined as a district that develops outside a city's walls. Squeezed between what are now Berri and Saint-Hubert streets, the Faubourg Québec used to be home to artisans and workers who could not afford to live within the fortifications. It was so named because of its location on both sides of the Chemin du Roy—the King's Way—the road that lead to Québec City. Citizens traveling along this route would enter the walled city at the site of the current day Saint-Paul St. A fire in 1852 destroyed many of the wooden houses in the faubourg and, as a result, a by-law was introduced to require all Montréal buildings to henceforward be made out of stone or brick, as had been done within the city walls following the great fire of 1721.

Château Frontenac in Québec City) for the Canadian Pacific Railway; and further to the east, the Molson Brewery, the oldest brewery in Canada, which has been serving thirsty Montréalers since 1786.

If you continue up Berri St. to Notre-Dame St., you'll arrive at the **Sir George-Étienne Cartier National Historic Site of Canada**, established in memory of one of the fathers of Confederation. In 1848, 11 years after it was built, Cartier bought this house to serve as both his residence and his law office. He lived there for seven years. Parks Canada took possession of the property in 1985, and restored it with great care to provide the public with a glimpse of the lavish 19th-century bourgeois lifestyle. It's the only residence with a **Victorian-style** interior open to the public in Montréal.

Now turn left onto Notre-Dame St., towards Bonsecours St., and you'll soon get to **Les 400 coups** restaurant, one of my favourite places for a gastronomic experience that's second to none. To avoid disappointment, be sure to make a reservation!

10

Les 400 coups

11

House of Louis-Joseph Papineau

12

Café Bistro Sérafim

13

Le Club Chasse et Pêche

12

When you get to Bonsecours St., turn left and admire the wonderful view of the Notre-Dame-de-Bon-Secours Chapel from here. This street is dotted with many buildings that have interesting histories, such as the **house that belonged to Louis-Joseph Papineau**, the leader of the 1837 **Patriotes Rebellion**, located close to the intersection of these two streets. It was built of fieldstone in 1785 and later, in 1831, covered with wood cladding that cleverly imitates cut stone. You can't fail to notice its many dormer windows. Papineau's house was subjected to successive attacks, first by the Loyalists, then by members of the Doric Club, who were opposed to Papineau and the emancipation of the Canadians.

14
Place de la Dauversière

At the corner of Saint-Paul St. is the **Café Bistro Sérafim**, which serves up tasty, 100% organic meals.

Turn right on Saint-Paul St. and walk to Saint-Claude St., then turn right again. Number 423 is **Le Club Chasse et Pêche**, which was praised as "one of the city's best restaurants" by a food critic for the newspaper *The Gazette*. It is fast becoming one of Montréal's worst kept secrets.

Now head left on Le Royer St. East, towards Place Jacques-Cartier. On your right, you'll see **Place de la Dauversière**, named for Jérôme Le Royer de la Dauversière (1597-1659), founder of the Société de Notre-Dame de Montréal, an organization responsible for the founding of Montréal. In this beautiful public garden stands the statue of another man who left his mark on the city's history, the former mayor **Jean Drapeau**. This spot is an oasis of tranquility and a pleasant place to relax in the summer.

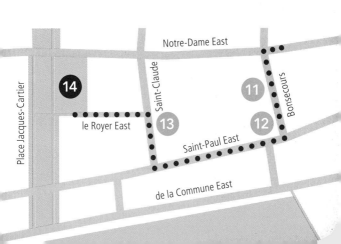

16

15

Adjacent to this public space is the **Château Ramezay**, "selected by a team of experts, in collaboration with UNESCO, as one of the 1001 Historic Sites You Must See Before You Die," as its website boasts. This prestigious residence was built in 1705 in the French style by Claude de Ramezay, Governor of Montréal. **The museum** lets visitors relive more than 500 years of history through its numerous exhibits and multimedia portrayals of historic figures, available in six languages. The building has had many uses through the ages, and was restored in stages throughout the 20th century. In 1954, plaster that covered it was removed to expose the stone beneath, and, in the 1970s, major restoration work was carried out to both the interior as well as the exterior. Then, in 1997, the roof was covered with 19th-century style tin plate or sheet iron, known as *tôle à la canadienne*. A garden recreating an **18th-century horticultural garden** was installed behind the museum in 2000, and it is open to the public. Of particular interest in this historic site is its exquisitely carved **mahogany woodwork and wood floors**.

Right across Notre-Dame street is Montréal's **City Hall**. Built in 1878, it barely survived a disastrous fire in 1922,✱ and only the exterior walls were preserved. It underwent major restoration and enhancement work between 1990 and 1992, in time for the 350th anniversary of Montréal in 1992. Of particular note are the sculpted stone elements on the attic storey, in the rear of the building. The architectural splendours of this landmark sparkle and shine at night, thanks to the Old Montréal **Lighting Plan**, which was implemented in 2000. Finally, from 2008 to 2010, the final phase in the renovations was completed, with the restoration of the copper roofing, including the cornices and various ornamental features.

About 250 metres to the west, on the north side of Notre-Dame St., at number 1, is the current **courthouse** (the modern building). This institution's history can be traced through three periods and three buildings. The first, the Old Courthouse, was built between 1851 and 1857 after the original building was destroyed by fire in 1844.

Old Montréal

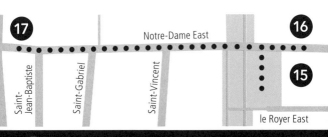

17 — Notre-Dame East — **16**

Saint-Jean-Baptiste

Saint-Gabriel

Saint-Vincent

15

le Royer East

✱ This explains why plans for all buildings designed prior to 1922, for the most part, no longer exist.

It underwent alterations between 1890 and 1894. When those facilities became too cramped, a second one was constructed on the south side of the street. Designed by architect **Ernest Cormier**, who also designed the Université de Montréal, this building was inaugurated in 1925. Its **long colonnade** reveals a return to the simplicity of the classical style. Completed in 1971, the new 18-storey courthouse (the original plans called for 30, but budgetary restrictions limited the number)—the Palais de justice—houses the criminal and civil trial courts and courts of appeal, the judges' offices, the various government legal affairs administrative offices, and also those of the Department of Revenue.

Now trace your steps back the way you came on Notre-Dame St. until you get to Saint-Vincent St., then turn right. At numbers 429 and 431, you'll see an **18th-century New France-style home**, which was built after the Conquest—perhaps a form of architectural resistance?

Keep walking and turn left onto Saint-Amable St. This laneway is full of **artists and craftspeople** selling their wares in the summer.

Turn right at Place Jacques-Cartier, then right again on Saint-Paul St. This stretch has many **souvenir shops** and tourist boutiques: Inuit art and local crafts share shelf space with maple products and Montréal T-shirts. There's something for every taste!

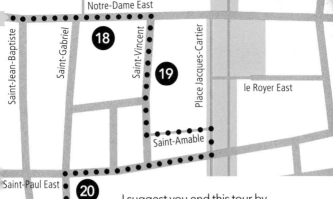

Notre-Dame East

Saint-Jean-Baptiste

Saint-Gabriel

18

Saint-Vincent

19

Place Jacques-Cartier

le Royer East

Saint-Amable

Saint-Paul East

20

e la Commune East

I suggest you end this tour by turning left on Saint-Gabriel St. and going left again on De la Commune St. Continue until you get to number 97. The **Auberge du Vieux-Port** has a rooftop terrace that offers a breathtaking view of the Old Port. I often go up there to have a drink and enjoy the **fireworks displays** at La Ronde, which take place from the end of June until early August.

You've just completed the eastern circuit. You now have three options:

1) Return to Saint-Gabriel St., walk up to Notre-Dame St., cross over and walk through the Allée des Huissiers, or Bailiffs' Alley, (between the two courthouse buildings), and make your way back to Champ-de-Mars and the Champ-de-Mars metro station;

2) Make your way to Place Royale to do the western circuit;

3) Walk for about 15 minutes to get to the Place-d'Armes metro station, the starting point for the underground circuit;

4) Or, wrap up the tour with one of my activity suggestions. Choose one according to the season.

**TOUR 3
HIDDEN GEMS OF
OLD MONTRÉAL:
ART UNDERGROUND**

SORTIE/EXIT   COTE BEAVER HALL   SORTIE/EXIT

START

Metro:
Place-d'Armes station.

Bixi stations:
Place-d'Armes and Square-Victoria metro stations.

REFERENCE POINTS

NATURE
Jean-Paul-Riopelle Place

BUILDING
Caisse de dépôt et
placement du Québec

ARCHITECTURAL FEATURE
An old door to a Royal
Canadian Mint safe

RESTAURANT
Boris Bistro
465 McGill St.

1

Palais des congrès

2

Maison de l'architecture du Québec

3

Caisse de dépôt et placement du Québec

4

International Civil Aviation Organisation

It's easy to get lost in the maze that is Montréal's underground network. During the **Nuit Blanche** celebrations, which are part of the Montréal En Lumière, or **Montreal High Lights Festival**—usually around the last weekend in February—scores of artists take over the RÉSO,* the official name for Montréal's underground city, and their works remain on display for about two weeks. But, during the rest of the year, there are many permanent works on display in the tunnels. I thought it would be interesting to take you on a tour to let you discover some of these subterranean art galleries deep in the belly of Old Montréal, starting from the Place-d'Armes metro station.

Informative note

Montréal's underground complex is a network of more than 32 kilometres of tunnels, making it the largest underground city in the world. In 2004, it was rebranded and given the name RÉSO, a homophone of the French word "réseau," meaning network. Its passages link many office tours, residential and shopping complexes, universities, and hotels. It also boasts a vast array of restaurants and boutiques, which account for close to 12% of all downtown businesses. As well as providing Montréalers with a way of avoiding winter weather, the underground city is a great place to wander around and admire the many works of art you can find there.

5
orld Trade Centre

6
Nature légère

■ **Palais des congrès** (convention centre)

First make your way to the **Maison de l'architecture du Québec (MAQ)**, located at 181 Saint-Antoine St. West. While it's not directly linked to the underground network, this building is part of the Palais des congrès complex. When you get there, you'll understand why I couldn't resist starting the circuit with this little detour before taking you underground. Located in a former fire station, the MAQ hosts exhibitions and events, with a mission to communicate and stimulate creation and debate in architecture, landscape architecture, and urban planning.

As you exit the MAQ, about 15 metres to your right on Saint-Antoine St., the **Jeanne-Mance passageway** (very handy if it's raining!) leads you directly to the forest of pink trees, located where the convention centre's Jean-Paul-Riopelle Place and Viger halls meet. This unique, so-called winter garden, entitled *Nature légère* (*Lipstick Forest*), was created by landscape architect **Claude Cormier**, who chose the startling colour to celebrate Montréal's inexhaustible *joie de vivre*.

Old Montréal

7

8

Now let's take the escalator down to the underground passages. You'll find it in the western sector of the Palais des congrès; follow the sign that indicates "Place Riopelle 1/RÉSO/CDP Capital/Square Victoria."

■ **Caisse de dépôt et placement du Québec (CDP)**

Walk straight ahead towards the tunnel of the Caisse de dépôt where, in the corridor that links it to the Palais des congrès, you'll see an **extra-muros exhibition display case presented by the Maison de l'architecture du Québec**. Just beyond the entrance is a series of four panels, collectively entitled *Diorama*. Three vertical panels offer views of the sky (*Le ciel… et ce qui nous tombe dessus !*), water (*La Mer… et l'immigration ?*), and nature (*Paysage automnal… et souvenirs de dévastation*). In the middle, a fourth shows a panoramic, fuzzy view of Jean-Paul-Riopelle Place. Artist **Dominique Blain** created these works between 2005 and 2006, using inkjet print on film. Next, notice an **old door to a safe** that belonged to the Royal Canadian Mint. At the end of the tunnel, don't take the stairs

9

down to the metro; instead, take the corridor a few metres to your left, which leads to Place de la Cité Internationale and take the stairway up to the ICAO headquarters.

■ International Civil Aviation Organization (ICAO)

This **immense gallery** is usually empty, but it comes to life during the Montreal High Lights Festival when art is exhibited throughout Montréal's underground. A little further on, you can admire a panoramic view of Victoria Square, and if you continue to the end of the gallery, just to the right of the entrance to **ICAO**, you can enter the downtown network by way of Place Bonaventure and Central Station.

Old Montréal

11

Statue of
Amphitrite

12

Remnant of the
Berlin Wall

■ **The World Trade Centre Montréal (WTCM)** *

Retrace your steps until you get to the stairway leading to the metro that you passed earlier. At the bottom of the stairs, go left and continue until the next junction. You'll see the underground entrance to the WTCM immediately to your left. There, admire the **statue of Amphitrite**, the sea-goddess and wife of Poseidon, who sits in the pool of a fountain (18th century). Purchased by Paul Desmarais for Power Corporation, this sculpture becomes a popular background for wedding photos on Saturdays. Further along the passageway is a **remnant of the Berlin Wall**, a gift from the city of Berlin to Montréal for its 350th anniversary.

 Historical note

The WTCM occupies an entire city block, and the site once encompassed the Ruelle des Fortifications. As its name suggests, this laneway followed the line of the walls that surrounded the fortified city in the 18th century. In those days, it was home to a military centre and it bustled with activity. Farmers of the region frequently passed through the gates of the stone walls to sell their products to the townsfolk. The walls were dismantled between 1804 and 1812. After 1880, when Saint-Jacques St. was becoming the centre of high finance in Montréal, the Ruelle des Fortifications returned to its original vocation, which was a service road for the surrounding buildings. More recently, between 1987 and 1991, it was integrated into the atrium of the huge World Trade Centre Montréal complex, along with its heritage façades, and today serves, among other things, as an exhibition space for the visual arts.

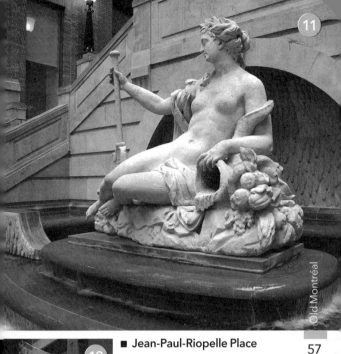

Old Montréal

12

■ Jean-Paul-Riopelle Place

Now head back to the start of the tour: Jean-Paul-Riopelle Place. In front of MAQ's exhibition display case you saw earlier, you'll notice the entrance to another tunnel, where you can admire an installation by **Michel Goulet**, entitled *Tables*—two stainless steel tables, one etched with pictograms, and the other with the flags. Further along the same tunnel, you'll find a series of works by photographer **Isabelle Hayeur**, entitled *Sommeil (ou les Séjours sous terre)*, that depict the destructive and regenerative aspects of our urban environment.

Exit by the stairway leading to Jean-Paul-Riopelle Place, to the north. This public space **comes alive** every evening from mid-May to mid-October. At nightfall, mist blowers and underground lights are activated, and a dramatic circle of fire surrounds the kinetic fountain/sculpture, entitled *La Joute*, by artist Jean-Paul Riopelle. Well worth seeing!

You've come full circle and are back at the start of the underground tour. You now have three options:

1) Take a short walk to either the Square-Victoria or Place-d'Armes metro stations;

2) Walk over to Champ-de-Mars, where the eastern circuit begins;

Turn left on Saint-Antoine St., walk to Saint-François-Xavier St., turn right, continue on to Saint-Paul St., then take a left and walk until you get to Place Royale St., where the western circuit begins.

13

La Joute by Jean-Paul Riopelle

THE CHANGING
SEASONS

Old Montréal's personality changes with every season. In summer, this attractive district is alive with tourists because it holds so many interesting things to discover. In the fall, the population of visitors begins to thin, but it becomes a port of call for others arriving by boat or cruise ship. A blanket of white snow brings tranquility in winter, and the area is reclaimed by the locals; what a joy it is to stroll through the quiet streets! This is a pleasure that can be enjoyed long into spring, when the neighbourhood's shopkeepers and restaurateurs are beginning to gear up for the influx of tourists just around the corner.

Here are a few suggestions for activities that visitors and residents alike can enjoy, depending on the season. Plan on at least half a day for each one.

WINTER

■ Skating on the Bonsecours Basin

The refrigerated and well maintained ice surface lets skaters take full advantage of the winter in an exceptional setting with incredible **views of the river and Old Montréal's historical buildings**. Skate to different theme music every night.

SUMMER

■ Clock Tower Beach

Located at the foot of the **Clock Tower**, the Clock Tower Beach was created by urban designer **Claude Cormier**. A short distance from the historical district, the beach features fine sand, chairs,

blue parasols, and refreshing mist that'll make you feel like you were by the sea! There's also a bar where you can meet friends for a drink or grab a bite late into the evening.

SPECIAL EVENTS

- Cirque du Soleil
- Loto-Québec International Fireworks Competition

YEAR-ROUND

- **Scandinave Les Bains spa** is a veritable cocoon of serenity, housed in a converted former warehouse facing the quays of the Old Port. The interior was designed by **Saucier+Perrotte**.

- **Bota Bota spa** is a floating oasis of relaxation in a most unusual setting. Located in what was once a ferryboat, it was transformed into a spa by the firm **Sid Lee Architecture**. From it, you can admire superb views of **Habitat 67**, **Silo No. 5**, the **Lachine Canal lock**, and downtown Montréal!

- **Montreal Science Centre+IMAX** Great for a family day trip.

- **A stroll along the quays of the Old Port.** Or, if you prefer, rent a bike at the Ça roule concession (located on De la Commune St.) for a half or a full day, and pedal along the **bike path** that borders the canal all the way to Lachine. Still another option would be to strap on a pair of **inline skates** (in summer) or **cross-country skis** (in winter). Along this 15-kilometre path, discover **five locks** that have been reopened to pleasure boating, the **Atwater market**, many parks, and breathtaking urban and industrial landscapes!

FOR MORE INFORMATION

Darling Foundry:
fonderiedarling.org/en

City of Montréal:
ville.montreal.qc.ca

World Trade Centre Montréal:
centredecommercemondial.com/en

Château Ramezay:
www.chateauramezay.qc.ca/en

Marguerite-Bourgeoys Museum
and Notre-Dame-de-Bon-Secours:
www.marguerite-bourgeoys.com/en

Palais des congrès de Montréal:
congresmtl.com/en

Old Montréal:
www.vieux.montreal.qc.ca

Old Port of Montréal:
www.oldportofmontreal.com

National Historic Sites: www.pc.gc.ca

History of Old Montréal:
Gilles Lauzon and Madeleine
Forget, *L'Histoire du Vieux-Montréal
à travers son patrimoine*, Montréal,
Les publications du Québec, 2004,
300 p.

History of the Old Port:
Pauline Desjardins, *The Old Port
of Montréal*, Montréal, Éditions de
l'Homme, 2007, 226 p.

All about Montréal:
www.tourisme-montreal.org

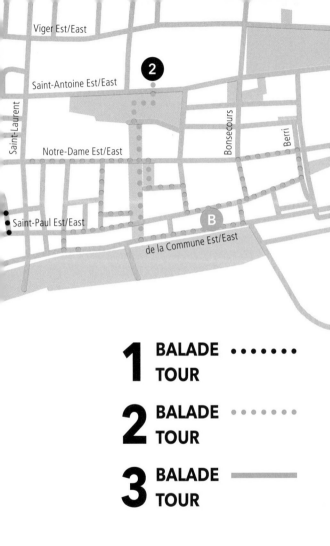

1 BALADE ••••••••
  TOUR

2 BALADE ••••••••
  TOUR

3 BALADE ——————
  TOUR

MARCHER MONTRÉAL

AVEC

LOUISE PELLETIER

DESIGNER EN ARCHITECTURE

VIEUX-MONTRÉAL

ET LE VIEUX

D0878737

Syra

**Indissociables
Complémentaires
Et si différents !**

Marcher le Vieux-Montréal, c'est prendre rendez-vous avec l'histoire, à chaque tournant. C'est un retour à nos origines, avec le patrimoine bâti comme témoin. Vestiges de fortifications, noms des rues, cheminée en chicane, gargouilles, entrée de métro de style Art nouveau et colonnes de marbre sont autant de rappels d'un passé qui remonte jusqu'à la fondation de Ville-Marie, en 1642.

AVANT-PROPOS

Je vous propose de me suivre à travers les pages de ce guide. J'ai pensé vous offrir deux balades sillonnant les rues du Vieux-Montréal, une à l'ouest et l'autre à l'est * ; puis une troisième qui vous permettra de découvrir son sous-sol culturel et une quatrième, à la carte, selon les saisons et vos envies.

Le Vieux-Montréal
Arrondissement de Ville-Marie

Le Vieux-Port
Juridiction fédérale
- Les Quais
- Le Centre des sciences
- La tour de l'Horloge

Pour chacune des balades, j'inclus des notes historiques reliées à l'architecture ou à l'aménagement du territoire. Je vous recommande également des restaurants qui font mon bonheur au quotidien et qui peuvent être fréquentés à divers moments de la journée. Finalement, je fournis les détails relatifs au transport en commun, les promenades étant conçues pour se faire sans automobile.

Ce livre vise à vous faire vivre une expérience sous le signe du plaisir, de la curiosité et de la découverte.

Mettez tous vos sens en éveil, car ils seront sollicités à tour de rôle au gré de vos balades. Selon votre humeur, les itinéraires proposés peuvent être rigoureusement suivis au pas, ou encore laisser place à des écarts, guidés par votre soif de découvrir des endroits hors du tracé suggéré. Vous pourrez alors en dévier quelques instants pour mieux y revenir par la suite!

Note historique

Saviez-vous que le Vieux-Montréal s'est développé autour de deux axes? En effet, les institutions plus anciennes, datant du 17e siècle, s'installent tout d'abord dans l'ouest du quartier autour de la place Royale et de la place d'Youville. Plus tard, au 19e siècle, à la suite d'un incendie du Parlement, de nouvelles institutions s'articulent autour de la place Jacques-Cartier, plus à l'est.

Fait intéressant : de 1843 à 1849, Montréal a été la capitale du Canada-Uni, avec un Parlement installé à l'emplacement actuel de la place d'Youville et finalement incendié par des manifestants anglophones lors d'un soulèvement contre une loi d'indemnisation pour des pertes occasionnées lors de la révolte des Patriotes de 1837. D'ailleurs, lors de fouilles menées en 2011 sous la direction de Pointe-à-Callière, musée d'archéologie et d'histoire de Montréal, des archéologues ont trouvé une grande quantité d'artefacts.

INTRODUCTION

J'ai collaboré à ce guide avec plaisir et passion. Formée en architecture et habitant le Vieux-Montréal depuis une vingtaine d'années, j'ai questionné les pierres, le parvis, les toits, les colonnes et les murs de mon quartier afin d'en apprendre davantage sur leur histoire. Chaque saison, au fil de mes innombrables promenades, ils m'ont révélé leurs secrets – parfois inusités. Le présent ouvrage est une collection de mes découvertes, de mes coups de cœur et de mes recherches en lien avec ce quartier qui ne cesse de me surprendre et de m'émouvoir. C'est donc un livre qui va au-delà du guide touristique traditionnel puisqu'il est teinté du regard que j'y pose chaque jour.

Je suis une amoureuse de Montréal. Native de L'Islet-sur-Mer, dans le Bas-Saint-Laurent, j'ai découvert la métropole, enfant, à l'occasion de l'Expo 67 et, par la suite, au cours de visites à Terre des Hommes et à La Ronde. Ma fascination pour cette ville a donné naissance à un désir grandissant d'y habiter qui se réalisa après mes études en architecture à Québec. Ce fut un véritable coup de foudre ! La vitalité urbaine, la multiplicité des cultures, la variété et l'originalité de l'offre architecturale ont toutes contribué à cette séduction. J'en suis encore fascinée aujourd'hui, même après plus de 20 ans !

Je suis une marcheuse de Montréal. Seuls les déplacements sur de longues distances nécessitent l'utilisation de ma voiture. Autrement, je fais tout à pied, rayonnant autour de mon appartement du Vieux-Montréal. Que ce soit pour un lunch chez le populaire Olive et Gourmando, l'achat de fruits et légumes dans le Quartier chinois, un saut chez À table tout le monde – une de mes boutiques design préférées de la rue Saint-Paul –, ou encore pour profiter de moments de détente avec ma fille* ou mon conjoint au spa Scandinave Les Bains ou au Bota Bota, mes pas me mènent où je veux. Une seule restriction : l'hiver, je marche loin des trottoirs situés sous les corniches ornées de stalactites. Ce sont des armes dangereuses dont il faut se méfier, croyez-moi !

Note cocasse

Ma fille a grandi dans le Vieux-Montréal. Toute petite, elle prenait plaisir à flatter les chevaux et était convaincue que les calèches étaient un moyen de transport usuel dans les rues de la ville !

BALADE 1
TRAJET OUEST

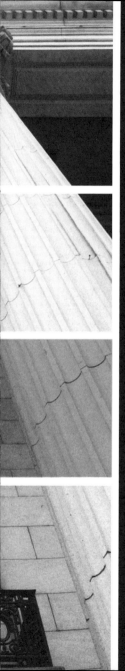

DÉPART

Métro : station Place-d'Armes, sortie Saint-Urbain. Empruntez la rue Saint-Urbain vers la vieille ville (où elle devient la rue Saint-Sulpice) jusqu'à la rue Saint-Paul. Prenez ensuite vers l'ouest (à droite) jusqu'à la place Royale.

Autobus : 715. Au départ du métro Peel (centre Infotouriste – square Dorchester) ou du métro Berri-UQAM, l'autobus vous dépose à la place Royale.

Stations Bixi : à l'angle de la rue Saint-Nicolas et de la place d'Youville, ou à l'angle de la rue de la Commune et de la rue Saint-Sulpice.

REPÈRES

NATURE
Square Victoria

IMMEUBLE
Basilique Notre-Dame

DÉTAIL ARCHITECTURAL
Lampadaires au gaz de la rue Sainte-Hélène

RESTAURANT
Restaurant Gandhi
230, rue Saint-Paul Ouest

1

Place Royale

2

147, rue Saint-Paul

Notre promenade dans le Vieux-Montréal commence naturellement par la partie ouest, le berceau de Montréal. Nous traverserons les époques, du 17e au 21e siècle, à travers les différents styles d'architecture et les faits historiques que je vous relaterai tout au long de notre parcours. L'établissement des premiers colons; les vestiges des régimes français et anglais; le tracé des anciennes fortifications; le Vieux-Port; le faubourg des Récollets, lieu de l'actuelle Cité du Multimédia; l'implantation des grandes banques, marquant la prospérité de la fin du 19e siècle, et des édifices abritant les grands quotidiens de l'époque sont au nombre des découvertes que je vous propose. Prêt à me suivre?

Rendons-nous tout d'abord à la **place Royale**. J'ai symboliquement choisi ce lieu pour commencer notre parcours puisqu'il représente l'endroit où fut fondée Ville-Marie, en 1642, par le sieur de Maisonneuve. (Un petit détour dans une cour arrière de la **rue Saint-Paul – au 147 –** permet d'apercevoir une plaque murale indiquant que le fondateur de Montréal a habité à cet endroit.)

Remarquez la surélévation de la place par rapport au niveau de la rue. Elle fut remodelée ainsi au moment de la construction du musée Pointe-à-Callière afin de donner accès aux ruines des fondations des premières maisons bâties au 17e siècle. De même, entre les rues Saint-Paul et de la Commune, le traitement de la chaussée indique l'emplacement de l'ancien mur des fortifications✱.

De part et d'autre de la place Royale, la minuscule rue de la Capitale, qui ressemble davantage à une ruelle, porte ce nom imposant en raison de la peine capitale qui était exécutée à cet endroit au début de la colonie.

Le Vieux-Montréal

✱ Note historique

En 1717, on décide de remplacer la palissade en bois qui protège la ville depuis 1685 par des fortifications en pierre. Les travaux sont confiés à l'ingénieur Gaspard-Joseph Chaussegros de Léry, qui achève l'érection de l'enceinte vers 1744. Celle-ci sera toutefois démantelée par la suite, de 1804 à 1812. Le quadrilatère qui accueillait ces remparts était formé au sud par la rue de la Commune (l'interface avec le Vieux-Port); à l'ouest par la rue McGill (élargie lors du démantèlement); à l'est par la rue Berri et au nord par la ruelle des Fortifications située entre les rues Saint-Jacques et Saint-Antoine, allant des stations de métro Square-Victoria à Champ-de-Mars. D'ailleurs, c'est sur la place adjacente à cette dernière station qu'on retrouve le seul espace public où l'on peut encore apercevoir des vestiges, sur une longueur de 250 mètres. Ailleurs dans le quartier, seul un traitement différent de la chaussée nous indique l'emplacement de ces anciennes fortifications.

Vers l'arrière, sur la gauche (du côté est), donnant directement sur cette place, se trouve le **musée Pointe-à-Callière**, de facture moderne, dessiné par Dan Hanganu, un architecte montréalais d'origine roumaine. Une suggestion gourmande : le restaurant L'Arrivage, situé au dernier étage de l'édifice. Il offre une vue magnifique sur le Vieux-Port, et ses grandes portes-fenêtres ouvrent sur une terrasse durant l'été. Quand je veux bien manger à un coût raisonnable, le midi ou pour le brunch du week-end, c'est là où je vais !

Derrière le musée, du côté nord, empruntons la rue **Place d'Youville** jusqu'à la place du même nom, où se trouve, sur la gauche, le **premier puits de Montréal**, creusé en 1658 par Jacques Archambault, l'ancêtre unique de tous les Archambault d'Amérique du Nord.

Un peu plus loin, à l'angle des rues du Port et Place d'Youville, nous voilà devant la **maison du sieur Hector de Callières**, gouverneur de Montréal, puis de la Nouvelle-France à la fin du 17e siècle. Remarquez l'entrée du coin et la tourelle.

Continuons sur la rue Place d'Youville jusqu'à la rue Saint-Pierre, où se dresse le **Centre d'histoire de Montréal**, logé dans une ancienne caserne de pompiers. Le bâtiment se démarque par son site, soit le centre d'une place publique – fait rare à Montréal –, et par son architecture d'inspiration flamande.

Le Vieux-Montréal

13

Place d'Youville

Place Royale

4

du Port

5

Saint-François-Xavier

3

de la Commune

Prenons maintenant vers la gauche sur la rue Saint-Pierre, où l'on peut apercevoir quelques murs de **l'ancienne chapelle de l'Hôpital général de Montréal**. Fondé par les frères Charon en 1695, il est ensuite cédé à Marguerite d'Youville. La chapelle est démolie en 1872 pour permettre le prolongement de la rue Saint-Pierre.

En tournant à droite sur la rue Marguerite d'Youville, puis encore à droite sur la rue Normand, on remarque un **bâtiment caractéristique du Régime français** avec ses tirants en S sur murs en moellon (pierre naturelle de forme irrégulière)✱. Levez la tête pour voir la cheminée en chicane, appelée ainsi parce qu'elle chevauche des versants de toit différents.

Tout au bout de la rue, on se trouve en face d'un espace vacant qui marque l'**emplacement de fouilles archéologiques** menées sur le site de l'ancien parlement du Canada-Uni, détruit par le feu en 1849. Après cet incendie, la capitale est déplacée vers Toronto et Québec, en alternance.

Ancienne chapelle de l'Hôpital général de Montréal

Bâtiment caractéristique du Régime français

Monument à John Young

✱ Note architecturale

Saviez-vous que plusieurs bâtiments ont été construits à partir de pierres utilisées pour lester les bateaux en provenance d'Europe ? À leur arrivée à Montréal, ils déchargeaient ces pierres afin de créer de l'espace pour charger des marchandises à destination de la France ou de l'Angleterre.

Reprenons la rue Normand ou la rue Saint-Pierre vers le sud. Nous aboutissons sur la rue de la Commune, qui suit le tracé des anciennes fortifications. À l'angle des rues de la Commune, Saint-Pierre et Marguerite d'Youville dans le Vieux-Port, on peut admirer la fontaine qui se dresse devant nous. Il s'agit d'un **monument en l'honneur de John Young** rappelant le rôle important joué par ce dernier dans l'évolution du port de Montréal, établi officiellement en 1830. Composée de bronze et de granit, cette sculpture a été réalisée par **Louis-Philippe Hébert** et dévoilée en 1911, l'année du centième anniversaire de naissance de John Young.

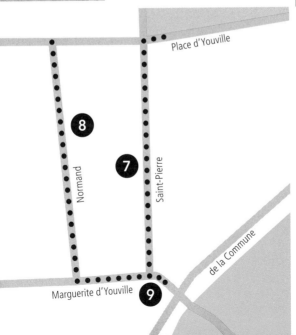

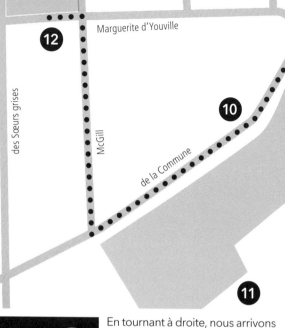

En tournant à droite, nous arrivons
devant le **357 C de la rue de la
Commune**. Voici un immeuble datant de 1874 – autrefois l'édifice des
Commissaires du Port – qui a été
transformé par **Daniel Langlois** en
un établissement privé où affaires
et culture cohabitent. Ce mécène
passionné d'arts, de sciences et
de technologies a voulu restaurer
l'immeuble tel que les architectes
d'antan auraient pu le concevoir
s'ils avaient disposé des matériaux
et des techniques d'aujourd'hui.

Juste en face, accosté au quai, se
trouve le **Bota Bota**, spa-sur-l'eau.
Autrefois traversier entre Sorel et
Berthier, puis transformé en ba-
teau-théâtre – l'Escale – en 1967, il
s'est métamorphosé en spa en 2010
sous la gouverne de **Jean Pelland**,
de Sid Lee Architecture. Une belle

10

**357 C, rue de
la Commune**

11

Bota Bota

12

**Ancienne gare
Union**

réussite. C'est un réel bonheur pour moi d'y aller pour me relaxer et contempler la vue imprenable sur le Vieux-Montréal et ses alentours à travers les **678 hublots**!

En poursuivant vers l'ouest sur la rue de la Commune et en prenant à droite sur la rue McGill, nous atteignons bientôt la rue Marguerite d'Youville, où s'élève, sur la gauche, un bâtiment en brique. C'est l'emplacement de **l'ancienne gare Union**, construite en 1920 pour assurer un service de tramway interurbain vers les villes de la Rive-Sud. Il accueille aujourd'hui une succursale d'une chaîne de restaurants de pizza fine. Je me souviens que, pendant des années, il a précédemment abrité un restaurant servant les meilleurs hamburgers de Montréal dans un décor hétéroclite émaillé d'antiquités. J'y allais souvent, puisque mon atelier était tout à côté.

13
Fonderie Darling

Nous voilà parvenus à la limite ouest du Vieux-Montréal ; au-delà de cette frontière, nous pénétrons à l'intérieur de la **Cité du Multimédia**✳. Prenons à droite sur la rue des Sœurs-Grises, puis à gauche sur la rue Wellington. C'est dans cette rue que j'ai établi mon premier bureau de design, alors que le prix des loyers était dérisoire. Aujourd'hui, plusieurs artistes y occupent des lofts.

Parlant d'artistes… j'aimerais vous présenter un lieu qui foisonne de créativité et d'énergie artistique. Il s'agit de la **Fonderie Darling**. Pour s'y rendre, il suffit de continuer sur

✳ Note historique

Autrefois appelé « faubourg des Récollets », ce quartier délimité par la rue de la Commune, l'autoroute Bonaventure, la rue McGill et la rue Saint-Jacques connaît une période sombre dans les années 1950 par suite du déclin de ses activités industrielles. Et la situation s'aggrave dans les années 1970 avec la fermeture du canal de Lachine et la construction de l'autoroute Bonaventure. Dans un souci de revitalisation, le gouvernement instaure un programme de subvention à l'emploi favorisant les entreprises qui choisissent de s'établir dans le quartier. En 1998, la Cité du Multimédia est ainsi créée, et environ 6000 personnes y travaillent aujourd'hui, principalement dans le domaine des nouvelles technologies.

la rue Wellington jusqu'à la rue Queen, de prendre à droite jusqu'à la rue Ottawa et de tourner à gauche sur celle-ci. Cette ancienne fonderie a été établie par les frères Darling en 1880, en pleine période d'essor industriel de Montréal. Son squelette en béton est renforcé de tirants en fer, et sa façade est revêtue de brique. On l'a surnommé « le serpent » en raison des conduits d'aération qui courent sur son toit. En 2002, les architectes de l'**Atelier in situ** (prix de l'Ordre des architectes du Québec 2003) ont entrepris de transformer un des bâtiments du complexe en centre d'arts visuels avec la collaboration de **Quartier Éphémère**, un organisme qui, comme son nom l'indique, s'intéresse aux arts éphémères. Ce premier édifice, sis au 745, regroupe une galerie permanente, une salle multifonctionnelle et un café-restaurant. Le deuxième, au 735, possède une double vocation. D'une part, il accueille des artistes d'ici et d'ailleurs en leur offrant un atelier de résidence et, d'autre part, il permet à ces derniers d'avoir accès à des ateliers de création.

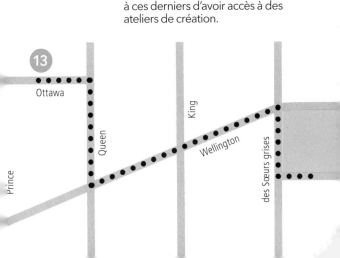

Retour dans l'enceinte du Vieux-Montréal en empruntant la rue Prince à droite, puis la rue William, de nouveau à droite. Au 682, à l'angle de la rue King, se trouve la **maison Abner-Bagg**, qui fut la propriété de William Dow, maître brasseur de la célèbre brasserie éponyme qui y habita de 1844 à 1868. Remarquez les arches des deux portes; elles auraient vraisemblablement été construites à partir des portes de l'ancienne citadelle. Rue McGill, vous avez une vue imprenable sur le **Centre d'histoire de Montréal**, à l'architecture si particulière. Prenez maintenant à gauche sur la rue McGill. Si la faim vous tenaille ou si vous avez envie de vous relaxer en prenant un verre, je vous suggère de vous installer à la terrasse intérieure du **Boris Bistro**, situé au 485, rue McGill. Par beau temps, c'est un endroit très agréable!

Cap au nord vers le **square Victoria**. À l'origine, cet emplacement était occupé par un marché à foin, aménagé sur un ancien marécage asséché. Il a été rebaptisée « place des Commissaires » en 1813, en l'honneur des trois commissaires chargés du démantèlement des fortifications. Cet espace n'a officiellement pris le nom de la reine Victoria qu'en 1860, lors d'une visite du prince de Galles. On y a d'ailleurs érigé un monument en son honneur✲.

14
Maison Abner-Bagg

15
Boris Bistro

16
Square Victoria

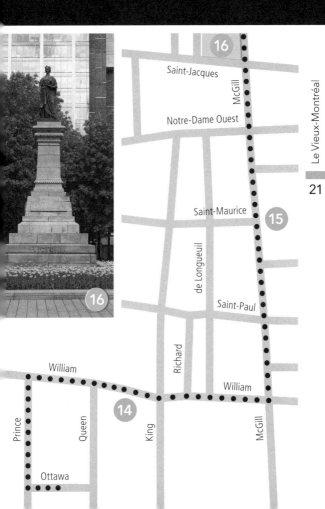

17
Métro

18
Sculpture de
Ju Ming

19
Caisse de
dépôt et
placement
du Québec

À la tombée du jour, il fait bon se promener autour du square pour apprécier les détails architecturaux des immeubles qui le bordent, rehaussés par un éclairage judicieux. À remarquer :

■ **l'entrée de métro de style Art nouveau** d'Hector Guimard (comme à Paris). Ce portique est un cadeau de la France pour commémorer l'ouverture du métro de Montréal en 1967 ;

■ à l'extrémité nord, **l'œuvre de l'artiste taïwanais Ju Ming** intitulée *Taichi Single Whip*.

Mentionnons que le square Victoria est coupé en deux par la rue Saint-Antoine, là où passait jadis la **rivière Saint-Martin**, qui prenait sa source au sommet du mont Royal et qui arrosait à une époque tout le Plateau-Mont-Royal. Les étangs du Parc La Fontaine sont d'ailleurs des vestiges de cette ancienne voie d'eau.

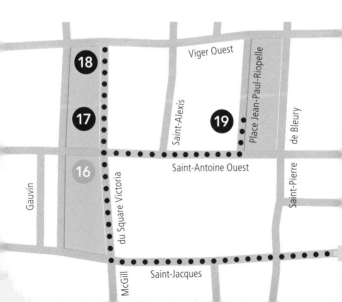

À gauche, sur la rue Saint-Antoine, se trouve le bâtiment qui abrite la **Caisse de dépôt et placement du Québec** (CDP). C'est à **Renée Daoust**, architecte et urbaniste, qu'on doit la conception unique de cet édifice qui a remporté de nombreux prix prestigieux et qu'on qualifie de « projet pionnier en développement durable ».

Longeons maintenant le côté est du square vers le sud jusqu'à la **rue Saint-Jacques** (autrefois St-James). Plusieurs banques et sièges sociaux s'installèrent sur cette artère au cours du 19e et au début du 20e siècle ✱. Aujourd'hui, on y tourne souvent des films du fait de la ressemblance des lieux avec certaines rues de New York.

 Note historique

La construction du canal de Lachine (creusé par les Irlandais de Griffintown) en guise de lien navigable entre l'Atlantique et les Grands Lacs favorise l'expansion économique de la ville. Cet essor suscite l'établissement de plusieurs grandes banques le long de la rue St-James, qui deviendra plus tard la rue Saint-Jacques. Vers la fin du 19e siècle, plusieurs commerces (tel que Morgan's) se déplacent vers la rue Sainte-Catherine, alors que les journaux (*La Presse*, *The Gazette*) s'installent à la limite des anciennes fortifications sur la rue Craig (aujourd'hui Saint-Antoine).

Plusieurs sièges sociaux de prestige ont ponctué les heures de gloire de la grande rue St-James, maintenant la rue Saint-Jacques. Suivons cette artère vers l'est jusqu'à la rue Saint-Laurent :

■ au 360, **le nouveau siège social de la Banque Royale** (1928) devenait le plus haut édifice de l'Empire britannique avec ses 22 étages;

■ au 355, **la Merchants' Bank** (1873) avait d'origine des airs de ressemblance avec la Banque Molson. On lui ajouta des étages par la suite, et l'immeuble accueille aujourd'hui l'**hôtel Le St-James**;

■ au 288, **la Banque Molson** (1866), qui rappelle les hôtels particuliers de Paris, s'impose comme le premier bâtiment de Montréal à s'inspirer directement du style Second Empire;

■ au 272, **l'édifice Canada Life Insurance** (1895), haut de huit étages, fut le premier à Montréal, sinon au Canada à reposer sur une structure d'acier;

■ au 265, **la Canadian Bank of Commerce** (1909) se distingue par son impressionnante colonnade corinthienne. Prenez le temps d'admirer les Victoires en figures de proue qui agrémentent son hall;

20

Banque Royale
(1928)

21

Merchant's Bank
(1873)

22

Banque du Peuple
(1873)

23

Canadian Bank of
Commerce
(1909)

■ la première banque au Canada (1817), **la Banque de Montréal** (Bank of Montreal), s'établit au 129 de la rue Saint-Jacques dès 1819. Forte de sa prospérité, elle confiera plus tard à l'architecte britannique John Wells l'érection d'un nouveau siège social en face de la place d'Armes. Inauguré en 1847, son hall renferme quatre bas-reliefs créés en Angleterre pour l'ancien siège social ;

■ **la Banque du Peuple** s'est quant à elle installée au 55 de la rue Saint-Jacques, dans un immeuble construit en 1873 et rehaussé en 1894.

24

Monument à
Maisonneuve

25

Basilique
Notre-Dame

26

Vieux séminaire

La place d'Armes s'ouvre du côté droit en face de la Banque de Montréal. L'espace occupé par cette place publique ouverte en 1693 appartenait aux Sulpiciens. Il allait plus tard devenir le centre névralgique du système de tramways montréalais, à l'époque où le transport en commun se faisait encore sur rail. En voici les principaux points d'intérêt :

■ **monument à Maisonneuve** : bronze célébrant la mémoire des principaux personnages liés à la fondation de Montréal, soit Maisonneuve, Jeanne Mance, Raphaël-Lambert Closse, Charles LeMoyne et un guerrier iroquois;

■ **basilique Notre-Dame** : construite entre 1824 et 1829 dans un style néogothique, elle remplace une église plus ancienne qui était située de l'autre côté de la place d'Armes. À voir : grandes orgues, voûte étoilée, boiseries et décoration intérieure datant de la fin du 19e siècle (sa polychromie serait inspirée de la Sainte-Chapelle de Paris);

25

27
New York Life

28
Hôtel Gault

■ **Vieux séminaire de Saint-Sulpice** : semble être le plus ancien bâtiment de Montréal (1685) dont la fonction est demeurée la même ;

■ **édifice New York Life** : premier gratte-ciel de Montréal, construit en pierre rouge en 1888 ; renferme en outre le premier ascenseur de Montréal.

De l'autre côté de la place, prenons maintenant à droite sur la rue Notre-Dame. Une marche de quelques minutes nous amène à la rue Sainte-Hélène sur la gauche. Cette rue est bordée de **lampadaires** qui ont ceci de particulier : ils sont alimentés au gaz ! À ma connaissance, ce sont les seuls du genre à Montréal. Au 449, se dresse **l'Hôtel Gault** avec son entrée en coin remarquable. L'édifice date de 1871.

Le Vieux-Montréal

27

Enfilons ensuite la rue des Récollets à gauche (vers l'est) jusqu'à la rue Saint-Pierre, que nous prenons à droite pour ensuite emprunter la rue du Saint-Sacrement à gauche jusqu'à la **rue Saint-Jean**, où nous tournons également à gauche. Surveillez un panneau sur le trottoir indiquant la **DHC/ART** – le rater pourrait entraîner quelques regrets ! Pénétrer dans le hall d'entrée de cet **immeuble Art déco** construit en 1926, c'est franchir le seuil d'un des lieux artistiques les plus vibrants à Montréal. Il s'agit en effet d'un lieu d'exposition consacré à la présentation d'œuvres d'art contemporain de première importance en provenance de partout dans le monde. Il faut visiter les deux adresses, soit le 451 et le 465.

29
DCH/ART

30
451 et 465, rue Saint-Jean

31
Centaur

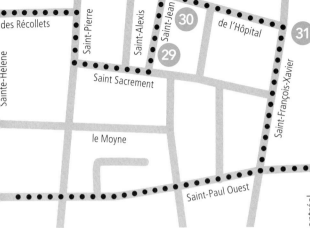

Continuons sur la rue Saint-Jean jusqu'à la rue de l'Hôpital, que nous prenons à droite. À l'origine, cette rue, alors minuscule, était empruntée par les **Amérindiens** pour se rendre à l'hôpital qui était alors situé à l'emplacement des actuels cours Le Royer. À remarquer : les **gargouilles** sur l'édifice du coin, au 232. Au bout de la rue, dans l'axe de la rue Saint-François-Xavier, on peut voir la façade du **Centaur**, le plus important théâtre anglophone montréalais, autrefois le foyer de la **première Bourse de Montréal**, en 1883.

Empruntons la rue Saint-François-Xavier vers le sud (à droite) jusqu'à la **rue Saint-Paul Ouest** (le plus ancien tracé de Montréal), où j'ai envie de vous présenter mes coups de cœur dans le domaine du design contemporain et des créateurs de mode québécois. À votre droite :

■ 350 : **Espace Pépin** : accessoires et galerie d'art ;

■ **361** : **À table tout le monde** : vaisselle, ustensiles, objets pour la cuisine;

■ **384** : **Michel Brisson** : mode pour lui. L'architecture du lieu est signée Saucier+Perrotte.

Revenons maintenant sur nos pas jusqu'à la rue Saint-Dizier. En chemin :

■ **170** : **Denis Gagnon** : des vêtements qui sont de véritables œuvres d'art;

■ **70** : **Delano Design** : mode pour elle et service de stylisme.

À la rue Saint-Dizier, prenons à gauche. Nous voyons bientôt s'ouvrir la rue Le Royer sur la gauche. Cet emplacement, qui appartenait jadis aux sœurs hospitalières, a accueilli l'Hôtel-Dieu de Montréal, le premier hôpital

Saint-Jacques

Notre-Dame Ouest

Saint-Sulpice

Saint-Dizier

le Royer

Saint-Paul Ouest

33

de la Nouvelle-France, fondé en 1642 par Jeanne Mance. Il a depuis cédé la place à un **charmant jardin urbain**.

En traversant les **cours Le Royer** et en empruntant la rue Saint-Sulpice à droite, nous retournons à la place d'Armes, qui marque la fin de notre trajet Ouest.

Trois choix s'offrent ici à nous :

1) continuer vers l'est sur la rue Notre-Dame pour atteindre le point de départ du trajet Est en traversant l'allée des Huissiers (à gauche) et en descendant jusqu'au Champ-de-Mars ;

2) accéder à la station de métro Place-d'Armes ;

3) rejoindre le Palais des congrès pour effectuer le trajet souterrain.

32

Delano

33

Cours Le Royer

34

Rue Saint-Sulpice vers la Place d'Armes

34

**BALADE 2
TRAJET EST**

DÉPART

Métro : station Champ-de-Mars, sortie rue Saint-Antoine, trottoir sud.

Stations Bixi : avenue de l'Hôtel-de-Ville près de la rue Saint-Antoine Est ou de l'avenue Viger Est.

REPÈRES

NATURE
Place de la Dauversière

IMMEUBLE
Marché Bonsecours

DÉTAIL ARCHITECTURAL
Vestiges des anciennes fortifications sur le Champ-de-Mars

RESTAURANT
Club Chasse et Pêche
423, rue Saint-Claude

1

Champ-de-Mars

2

Statue de
Jean Vauquelin

Nous voilà du côté est du territoire du Vieux-Montréal. Pour les plus hardis d'entre vous, ce parcours s'inscrit dans la continuité du trajet Ouest que vous venez d'effectuer. Quant à ceux qui ont préféré suivre l'itinéraire en deux temps, ils doivent se rappeler que le Vieux-Montréal s'est développé autour de deux pôles. L'ouest représente le berceau de la fondation de la ville. L'est, quant à lui, s'est développé économiquement tout au long du 19e siècle (dont une partie sous le régime colonial britannique – jusqu'en 1867) avec l'établissement d'institutions telles que l'hôtel de ville, le palais de justice et le marché Bonsecours. Son histoire est également teintée des confrontations politiques entre les Français et les Écossais-Anglais de l'époque✱.

Saint Antoine Est

Saint-Laurent

Gosford

1

2

Notre-Dame Est

✱ Note historique

L'incendie du Parlement de Montréal en 1849 témoigne des tensions qui existaient entre les deux groupes. L'adoption par le Parlement britannique de différentes lois et mesures satisfaisant les revendications des Patriotes, reconnaissant leur langue et amnistiant les chefs de la Rébellion de 1837 alimente la grogne chez les torys de Montréal, qui culmine avec l'incendie qui rasera le parlement de la place d'Youville.

On y va?

Champ-de-Mars, à droite : c'est le seul espace public où l'on peut apercevoir des vestiges relativement complets des murs de la ville (érigés entre 1717 et 1744 et démolis à partir de 1804) sur une longueur de 250 mètres. Ils ont toutefois été récemment recouverts d'un couronnement de pierre de taille, ce qui leur enlève un brin d'authenticité.

Directement au sud du Champ-de-Mars, en haut de l'escalier, se trouve la **place Vauquelin**. Depuis 1930, une statue visant à commémorer les nombreuses victoires du capitaine de vaisseau français **Jean Vauquelin** contre les Britanniques au 18e siècle – œuvre du sculpteur **Paul-Eugène Benet** – fait face au monument à l'**amiral Nelson** de la place Jacques-Cartier.

Continuons vers le sud et traversons la rue Notre-Dame pour nous rendre, justement, à la **place Jacques-Cartier**, où se dresse la **colonne Nelson**. D'inspiration Trajane (colonne triomphale romaine), elle porte à son sommet la statue de l'amiral Horatio Nelson (et non pas celle de Jacques-Cartier comme pourrait le suggérer le nom de la place!), un héros de la bataille de Trafalgar, gagnée contre la France – ce qui en a longtemps fait un monument contesté.

La place Jacques-Cartier accueillait déjà en 1807 le marché public qui se trouvait, jusque-là, à la place Royale. C'est après l'ouverture du marché Bonsecours, en 1847, que la place Jacques-Cartier prend son nom actuel. Fait intéressant, l'acte de cession du terrain à la Ville, en

1803, précise que la place devra toujours conserver sa fonction de marché public. C'est ainsi qu'un pavillon trône en permanence au cœur de cette place publique. On y vend des fleurs en été et du sirop d'érable en hiver. Durant la saison estivale, il est agréable d'aller manger au restaurant **Jardin Nelson**, que ce soit pour le lunch ou une crêpe au chocolat en après-midi. Sa terrasse est tout simplement magnifique!

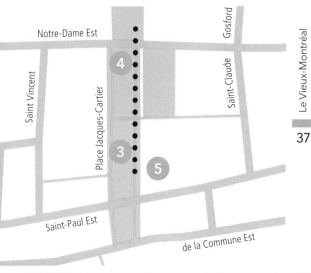

6
Marché Bonsecours

Traversons la place Jacques Cartier pour atteindre la rue de la Commune, où nous tournons à gauche en direction du **marché Bonsecours**. L'entrée principale étant sur la rue Saint-Paul, nous pouvons alors admirer l'arrière du bâtiment, soit la première construction d'envergure de la Corporation de la Ville de Montréal. Les travaux sont confiés à l'architecte **William Footner** à la suite d'un concours tenu au printemps de 1844, et ils se poursuivront jusqu'en 1848. On aurait construit cet édifice dans le but d'y loger de façon permanente les chambres d'assemblée du Canada-Uni. Toutefois, à la suite de l'incendie du parlement, en 1849, les séances se tiennent ailleurs en ville, puis le Parlement quitte Montréal. Entre 1852 et 1878, l'édifice remplit

Saint Vincent

Place Jacques-Cartier

Saint-Claude

Bonsecours

Saint-Paul Est

du Marché

de la Commune Est

6

tour à tour les fonctions de marché public, d'hôtel de ville, de poste de police, de salle de concert et de bâtiment polyvalent accueillant banquets, conférences, expositions, etc. Le **portique de la rue Saint-Paul**, avec ses colonnes de fonte, date de 1860. Au fil des ans, le marché Bonsecours a fait l'objet de nombreuses restaurations. Les dernières ont lieu de 2001 à 2004, à l'extérieur et à l'intérieur, dans le respect de l'esprit du lieu. On en profite pour rouvrir les portiques des extrémités, qui sont longtemps restés fermés. On ajoute par ailleurs un **balcon de facture contemporaine** face au port, tout en veillant à ce que certains éléments rappellent l'ancienne colonnade classique.

Le Vieux-Montréal

39

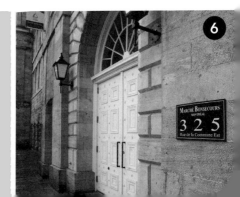

**Chapelle
Notre-Dame-
de-Bonsecours
et musée
Marguerite-
Bourgeoys**

Continuons en direction est pour rejoindre la rue Bonsecours à gauche, puis la rue Saint-Paul à droite. Nous voilà devant la **chapelle Notre-Dame-de-Bon-Secours**, fondée par Marguerite Bourgeoys en 1655. D'abord construite en bois, elle sera rebâtie en pierre en 1675, puis ravagée par le feu en 1754. Sa dernière reconstruction date de 1771, et ses aménagements actuels remontent à la fin du 19e siècle, y compris les huit scènes illustrant la vie de la Vierge dont s'enorgueillit son **plafond**, peintes par **François-Édouard Meloche**.

Note historique

Dès 1655, Marguerite Bourgeoys – la première enseignante de Ville-Marie et la fondatrice de la Congrégation de Notre-Dame – exhorte les colons de contribuer à l'érection d'une chapelle de pèlerinage. Lors d'un voyage en France en 1672, elle rapporte une statuette en bois de Notre-Dame-de-Bon-Secours qui échappera miraculeusement aux flammes venues détruire la première chapelle en 1754. On peut aujourd'hui voir cette statuette sur l'autel latéral gauche de la chapelle, au-dessus du tombeau de Marguerite Bourgeoys.

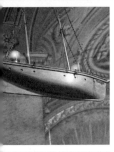

Il s'agit d'une chapelle de marins, ce qui explique que des **bateaux miniatures** soient suspendus au plafond. Cela dit, si jamais on y annonce un concert, ne laissez pas passer l'occasion; l'excellente acoustique de ce lieu vous fera vivre des moments de pur bonheur…

Le **Musée Marguerite-Bourgeoys**, voué à l'histoire et à l'archéologie de Montréal, jouxte la chapelle. Il repose à l'endroit d'un **ancien campement amérindien**, et présente entre autres les artefacts mis au jour sur les lieux mêmes – dont certains sont millénaires – ainsi qu'une partie des fondations de la première chapelle et des **vestiges** des pieux de bois de la palissade érigée autour de la ville jusqu'à ce qu'on la remplace par des fortifications en pierre.

8

Ancien Faubourg Québec

9

Lieu historique Sir-George-Étienne-Cartier

Poursuivons notre chemin sur la rue Saint-Paul en direction est vers la rue Bonneau, puis jusqu'à la rue Berri. J'attire ici votre attention sur le point de vue qui nous est offert de l'ancien **Faubourg Québec** à la limite est du Vieux-Montréal. En face, vers l'est, le **parc Dalhousie**, où vous pouvez voir les traces de l'ancien chemin de fer ; plus loin, le **pont Jacques-Cartier** ; vers le nord, la **gare-hôtel Viger**, construite à la fin du 19e siècle selon les plans de **Bruce Price**, l'architecte du Château Frontenac de Québec, pour le

✱ Note historique

Un faubourg se définit comme un quartier prenant forme et vie hors des murs d'enceinte d'une ville. Le Faubourg Québec accueillait jadis des artisans et des ouvriers ne disposant pas des ressources nécessaires pour s'installer à l'intérieur des fortifications - entre les actuelles rues Berri et Saint-Hubert. Il a ainsi été baptisé du fait qu'il se développait de part et d'autre du chemin du Roy, soit la route de Québec qu'empruntaient les citadins en franchissant les murs à la hauteur de l'actuelle rue Saint-Paul. Un incendie survenu en 1852 a rasé bon nombre des maisons de bois du faubourg, si bien qu'un règlement a aussitôt été adopté pour imposer l'usage de la maçonnerie dans les constructions extra-muros, comme c'était déjà le cas à l'intérieur des fortifications depuis le grand incendie de 1721.

compte du Canadien Pacifique; et plus loin à l'est, la brasserie Molson, la plus ancienne brasserie canadienne, présente dans le paysage montréalais depuis 1786.

En remontant la rue Berri jusqu'à la rue Notre-Dame, nous arrivons face au **lieu historique national de Sir-George-Étienne-Cartier**, établi en mémoire de ce père de la Confédération. Cartier achète la maison en 1848, onze ans après sa construction, pour en faire sa demeure et son cabinet d'avocat. Il l'occupera pendant sept ans. La propriété a été reprise par Parcs Canada en 1985. Restaurée avec le plus grand soin, elle nous donne l'occasion de baigner dans le cadre de vie de la riche bourgeoisie montréalaise du 19e siècle. Il s'agit d'ailleurs de la seule résidence aménagée dans le **style victorien** accessible au public à Montréal.

10
Les 400 coups

En prenant à gauche sur la rue Notre-Dame, en direction de la rue Bonsecours, nous arrivons devant le restaurant **Les 400 coups**, un de mes endroits préférés pour une expérience gastronomique. Il faut absolument réserver si l'on veut être certain d'avoir une place !

11
Maison de Louis-Joseph Papineau

12
Café Bistro Sérafim

13
Le Club Chasse et Pêche

Tournons maintenant à gauche sur la rue Bonsecours. Nous avons d'ici une vue magnifique sur la chapelle Notre-Dame-de-Bon-Secours. Cette rue abrite plusieurs bâtiments qui ont une longue histoire, dont la **maison de Louis-Joseph Papineau**, le chef de la **Rébellion des Patriotes** de 1837, presque à l'angle des deux rues. Sa structure en pierres équarries date de 1785, tandis que le parement de bois imitant la pierre de taille de sa façade n'a été ajouté qu'en 1831. Vous ne manquerez pas non plus de remarquer ses multiples lucarnes. Les annales de l'époque nous apprennent que cette maison a successivement subi les assauts des loyalistes, puis des membres du Doric Club, qui s'opposaient à Papineau et à l'émancipation des Canadiens.

À l'angle de la rue Saint-Paul se trouve le **Café Bistro Sérafim** qui, à l'heure du déjeuner, du lunch et du souper, sert une nourriture 100 % biologique. Intéressant… et goûteux.

Prenons à droite sur la rue Saint-Paul jusqu'à la rue Saint-Claude, où nous tournons de nouveau à droite. Au 423 loge **Le Club Chasse et Pêche**, qu'un critique du journal *The Gazette* tient pour être « un des meilleurs restaurants à Montréal ». Un secret de moins en moins bien gardé.

14

Place de la Dauversière

Prenons maintenant à gauche sur la rue Le Royer Est vers la place Jacques-Cartier pour nous rendre à la **place de la Dauversière**, ainsi nommée en l'honneur de Jérôme Le Royer de la Dauversière (1597-1659), fondateur de la Société de Notre-Dame de Montréal, elle-même à l'origine de l'établissement de Montréal. On y retrouve d'ailleurs la statue d'un autre homme qui a marqué l'histoire de Montréal : **Jean Drapeau**. J'aime cet endroit, véritable oasis de calme en été.

Adjacent à cet espace, le **Château Ramezay**, « sélectionné par une équipe d'experts, en collaboration avec l'UNESCO, comme l'un des 1001 sites historiques qu'il faut avoir vus dans sa vie », comme on peut le lire sur sa page Web. Cette résidence de prestige a été construite en 1705 dans un style français par le gouverneur de Montréal du temps, Claude de Ramezay. Son **musée** fait revivre plus de 500 ans d'histoire à travers ses nombreuses expositions et son parcours multimédia offert en six langues. Voué à travers les époques à de multiples usages, le Château Ramezay a été rafraîchi par étapes tout au long du 20e siècle. En 1954, on a notamment enlevé le crépi qui le recouvrait afin de dénuder la pierre. Les années 1970 ont ensuite donné lieu à d'importants travaux de restauration, aussi bien à l'intérieur qu'à l'extérieur. Puis, en 1997, la toiture de tôle a eu droit à un traitement « à la canadienne », dans l'esprit de la fin du 19e siècle. Un **jardin en carrés**, à la mode du 18e siècle, a par ailleurs été aménagé et ouvert au public derrière le musée en 2000. De ce lieu historique, je retiens tout particulièrement les **boiseries et les planchers de bois** de facture très élaborée.

Juste devant nous, de l'autre côté de la rue, se trouve **l'hôtel de ville**, construit en 1878 puis ravagé par les flammes en 1922*. Seuls les murs extérieurs sont alors conservés. Entre 1990 et 1992, des travaux majeurs de restauration et de mise en valeur sont réalisés en vue du 350e anniversaire de Montréal; on remarque notamment les éléments de pierre taillée au niveau de l'étage de comble, à l'arrière. Depuis 2000, l'édifice bénéficie d'un nouvel éclairage architectural, inauguré dans le cadre du **Plan lumière** du Vieux-Montréal. Enfin, de 2008 à 2010, ce sont les toits, les corniches en cuivre et certains éléments d'ornementation qui ont droit à une restauration en règle.

À environ 250 mètres vers l'ouest, du côté nord de la rue Notre-Dame, au numéro 1, se trouve l'actuel **palais de justice** (bâtiment moderne). L'histoire de cette institution se décline en trois époques et en trois bâtiments. Dans un premier temps, un palais de justice est construit à la suite de l'incendie du premier, survenu en 1844. Il est bâti entre 1851 et 1857, puis modifié entre 1890 et 1894.

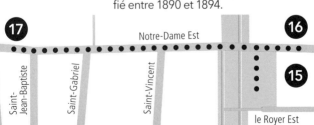

* C'est ce qui explique que les plans des bâtiments conçus avant 1922 sont pour la plupart inaccessibles

18

Palais de justice
(1925)

19

Maison
du 18e siècle

20

Auberge du
Vieux-Port

Par la suite, voulant satisfaire à des besoins d'espace, on érige en 1925, du côté sud de la rue, un nouveau bâtiment qui est l'œuvre de l'architecte **Ernest Cormier**, celui-là même qui dessina les plans de l'Université de Montréal. Il est d'une simplicité classique, avec une **imposante colonnade**. Finalement, inauguré en 1971, le nouveau palais de justice de 18 étages (on en prévoyait 30, mais des restrictions budgétaires en ont réduit le nombre) logera les cours de première instance ou d'appel, qu'elles soient criminelles ou civiles, ainsi que les bureaux des juges. On y regroupera en outre différents bureaux gouvernementaux reliés à l'administration de la justice ainsi que ceux du ministère du Revenu.

Revenons maintenant sur nos pas jusqu'à la rue Saint-Vincent, que nous prenons à droite. À l'adresse 429 et 431 se trouve une **maison du 18e siècle** construite dans un style caractéristique de la Nouvelle-France, bien qu'érigée après la Conquête. Une forme de résistance architecturale?

Prenons ensuite à gauche sur la rue Saint-Amable, qui foisonne d'**artisans en été**.

En tournant à droite sur la place Jacques-Cartier, nous rejoignons, en contrebas, la rue Saint-Paul que nous prenons à droite. Se succèdent ici les nombreuses **boutiques de souvenirs** destinées aux touristes : art inuit et artisanat local partagent l'espace avec les produits de l'érable et les t-shirts à l'effigie de Montréal. De tout pour tous les goûts…

18

19

Je vous suggère de tourner à gauche sur la rue Saint-Gabriel, puis encore à gauche sur la rue de la Commune, jusqu'au numéro 97. **L'Auberge du Vieux-Port** vous attend avec sa terrasse sur le toit qui offre une vue imprenable du Vieux-Port. J'aime aller y prendre un verre en regardant les **feux d'artifice** présentés à La Ronde entre la fin de juin et le début d'août.

Voilà qui complète notre trajet Est. Trois choix s'offrent ici à nous :

1) reprendre la rue Saint-Gabriel et traverser la rue Notre-Dame pour ensuite emprunter l'allée des Huissiers (entre les deux palais de justice) jusqu'au Champ-de-Mars et la station de métro du même nom ;

2) se rendre à la place Royale pour effectuer le trajet Ouest ;

3) entreprendre une marche d'une quinzaine de minutes jusqu'au métro Place-d'Armes, point de départ du trajet souterrain.

4) ou encore compléter le trajet avec une des activités suggérées, selon la saison.

Le Vieux-Montréal

49

**BALADE 3
LA FACE CACHÉE DU
VIEUX-MONTRÉAL :
ART SOUTERRAIN**

SORTIE/EXIT   COTE BEAVER HALL   SORTIE/EXIT

DÉPART

Métro :
station Place-d'Armes.

Stations Bixi :
métro Place-d'Armes et
Square-Victoria.

REPÈRES

NATURE
Place Jean-Paul-Riopelle

IMMEUBLE
Caisse de dépôt et
placement du Québec

DÉTAIL ARCHITECTURAL
Ancienne porte de coffre-
fort de la Monnaie royale
canadienne

RESTAURANT
Boris Bistro
465, rue McGill

1

Palais des congrès

2

Maison de l'architecture du Québec

3

Caisse de dépôt et placement du Québec

4

Organisation de l'aviation civile internationale

Les passages souterrains de Montréal forment un véritable labyrinthe où il est facile de se perdre. Lors de la **Nuit blanche** – dans le cadre du **festival Montréal en lumière**, habituellement le dernier week-end de février –, les artistes s'approprient le RÉSO✱, et ce, pour environ deux semaines. Cela dit, les autres mois de l'année, certaines œuvres permanentes animent les tunnels. J'ai donc pensé vous proposer une promenade pour vous faire découvrir ces galeries d'art souterraines dans le ventre du Vieux-Montréal, accessibles par la station de métro Place-d'Armes et reliées aux endroits qui suivent.

 Note explicative

Le Montréal souterrain est un réseau de tunnels couvrant quelque 32 kilomètres, ce qui en ferait la plus grande ville souterraine du monde. Depuis 2004, on lui donne le nom officiel de RÉSO. Ses passages et galeries relient plusieurs tours de bureaux, des complexes d'habitation, des regroupements de commerces, des universités et des hôtels. On y trouve une vaste gamme de restaurants et de boutiques qui comptent pour près de 12 % de tous les commerces du centre-ville. En plus de permettre aux Montréalais de se déplacer en évitant les intempéries de l'hiver québécois, le RÉSO leur donne l'occasion de faire des emplettes ou de se promener pour admirer les œuvres d'art qui s'y trouvent.

■ Palais des congrès

Rendons-nous tout d'abord à la **Maison de l'architecture du Québec (MAQ)**, située au 181 de la rue Saint-Antoine Ouest. Même si elle n'est pas directement reliée à l'espace souterrain, elle fait partie du complexe du Palais des congrès. Vous comprendrez que je ne pouvais m'empêcher d'y faire un petit détour avant de pénétrer sous terre. Sise dans l'ancienne caserne de pompier, elle propose des expositions et événements visant à stimuler et à diffuser la création ainsi que la réflexion touchant aux disciplines de l'architecture, de l'architecture de paysage et de l'urbanisme.

En prenant à droite sur la rue Saint-Antoine, à environ 15 mètres de la MAQ, le **passage Jeanne-Mance** nous mène directement à la forêt d'arbres roses du Palais des Congrès. Idéal en cas de pluie ! Ce jardin d'hiver, baptisé *Nature légère* (*Lipstick Forest*), a été conçu par l'architecte paysager **Claude Cormier**, qui a choisi cette étonnante couleur à partir d'une gamme de teintes de rouge à lèvres. Elle symbolise la célèbre joie de vivre propre à Montréal.

Le Vieux-Montréal

53

7

8

Entrons maintenant dans les souterrains à partir de l'escalier roulant situé dans le secteur ouest du Palais des congrès. Suivez le panneau indicateur « Place Riopelle 1 / RÉSO / CDP Capital / Square Victoria ».

■ **Caisse de dépôt et placement du Québec (CDP)**

Filons tout droit vers le tunnel de la Caisse de dépôt où, dans le corridor qui la relie au Palais des congrès, nous pouvons apercevoir une **vitrine d'exposition extra-muros de la Maison d'architecture du Québec**. Après avoir franchi l'arche de l'entrée, nous attend une séquence de quatre panneaux. Trois, à la verticale, illustrent le ciel (*Le ciel… et ce qui nous tombe dessus!*), l'eau (*La Mer… et l'immigration?*) et la nature (*Paysage automnal… et souvenirs de dévastation*). Un quatrième, au centre, montre la place Jean-Paul-Riopelle en mouvement. Ces œuvres de **Dominique Blain**, réunies sous le nom de *Diorama*, ont été produites en 2005-2006 en impression au jet d'encre sur film. Vous remarquerez ensuite les **vestiges d'une porte de coffre-fort** qui appartenait à la Monnaie

9

royale canadienne. Au bout du tunnel, ne prenez pas l'escalier qui descend vers le métro; empruntez plutôt le tunnel quelques mètres à gauche vers la place de la Cité Internationale pour monter l'escalier vers la maison de l'OACI.

■ Organisation de l'aviation civile internationale (OACI)

Cette **immense galerie**, habituellement vide, reprend vie durant la période de l'exposition Art souterrain dans le cadre de Montréal en Lumière. Un peu plus loin, profitez de la vue d'ensemble sur le square Victoria. En suivant le lien, tout au fond de la galerie, juste à droite de l'entrée de la **maison de l'OACI**, on peut rejoindre le réseau du centre-ville en passant par la place Bonaventure et la Gare Centrale.

11

Fontaine d'Amphitrite

12

Fragment du mur de Berlin

■ **Centre de commerce mondial (CCM)**

Revenez maintenant sur vos pas jusqu'à l'escalier menant au métro que vous avez croisé plus tôt. Tout en bas, prenez à gauche jusqu'au prochain embranchement. L'entrée souterraine du Centre de commerce mondial (CCM) se trouve alors immédiatement à gauche. Impossible de manquer le bassin d'eau et la **fontaine d'Amphitrite**, épouse de Poséidon (18ᵉ siècle). Cette dernière fut acquise par Paul Desmarais pour Power Corporation. C'est là où, le samedi, les mariées viennent faire prendre leur photo. On y trouve aussi le **fragment du mur de Berlin** offert par la ville de Berlin à la ville de Montréal à l'occasion de son 350ᵉ anniversaire.

✳ Note historique

À l'intérieur du CCM se trouvait jadis la ruelle des Fortifications, qui correspond, comme son nom l'indique, à l'emplacement des remparts de la ville fortifiée du 18ᵉ siècle. À l'époque, la ruelle abritait un centre militaire, et une importante vie sociale s'y articulait. Les fermiers de la région franchissaient couramment les portes des fortifications pour venir vendre leurs produits aux citadins. Le démantèlement des murailles a commencé en 1804 pour se poursuivre jusqu'en 1812. Après 1880, alors que la rue Saint-Jacques s'imposait comme plaque tournante de la haute finance montréalaise, la ruelle des Fortifications a retrouvé sa fonction d'origine, à savoir celle d'une voie de desserte pour les bâtiments environnants. Elle se verra plus récemment, entre 1987 et 1991, intégrée avec d'anciennes façades à un grand complexe immobilier qui prendra le nom de Centre de commerce mondial. On y présente désormais, entre autres, des expositions d'art visuel.

■ Place Jean-Paul-Riopelle

Retraçons enfin nos pas vers le début du trajet : la place Jean-Paul-Riopelle. Devant la vitrine de la MAQ vue à l'aller s'ouvre un autre tunnel accueillant une œuvre de **Michel Goulet** intitulée *Tables* – deux tables en acier inoxydable travaillé présentant l'une des pictogrammes, et l'autre, des drapeaux. Plus loin dans le même tunnel sont en outre exposées des œuvres de la photographe **Isabelle Hayeur** réunies sous le titre *Sommeil (ou les Séjours sous terre)* et illustrant la dégénérescence et la régénérescence urbaines.

Prenons l'escalier pour sortir sur la place Jean-Paul-Riopelle, vers le nord. Cette place **s'anime en soirée** de la mi-mai à la mi-octobre, et ce, à chaque heure. D'abord, des caniveaux, au sol, projettent lumière et brume. Puis un halo de feu surgit au-dessus de l'eau du bassin dans lequel trône l'œuvre de Jean-Paul Riopelle intitulée *La Joute*, tandis que des jets d'eau couronnent le tout. À voir absolument!

Nous voilà de retour au point de départ de notre périple souterrain. Trois choix s'offrent ici à nous :

1) accéder à la station de métro Square-Victoria ou Place-d'Armes, tout près ;

2) rejoindre le Champ-de-Mars, où débute le trajet Est ;

3) prendre la rue Saint-Antoine à gauche, remonter la rue Saint-François-Xavier à droite jusqu'à la rue Saint-Paul et tourner à gauche pour rejoindre la place Royale, où débute le trajet Ouest.

13

La Joute de
**Jean-Paul
Riopelle**

13

AU RYTHME DES SAISONS

Le Vieux-Montréal et le Vieux-Port changent de personnalité selon les saisons. L'été, ils s'ouvrent au monde et permettent aux nombreux touristes qui les fréquentent de les découvrir sous toutes leurs coutures. L'automne, le flux touristique se calme, mais les visiteurs en provenance des bateaux de croisière prennent le relais. L'hiver, c'est le calme blanc. Les résidants se réapproprient leur quartier ; quel bonheur de marcher dans les rues redevenues tranquilles, une tranquillité que prolonge d'ailleurs le printemps tandis que les commerçants préparent la venue des touristes qui ne sauraient tarder.

Je vous propose donc ici quelques activités au gré des saisons. Elles peuvent tenir occupés visiteurs et résidents au moins une demi-journée.

HIVER

Patinoire du bassin Bonsecours
La glace en partie réfrigérée et bien entretenue permet de profiter de l'hiver dans un contexte exceptionnel avec la **vue sur le fleuve et les bâtiments historiques**. Des soirées thématiques permettent par ailleurs de patiner au son de divers genres musicaux.

ÉTÉ

Plage de l'Horloge
Aménagée au pied de la **tour de l'Horloge**, la plage de l'Horloge a été conçue par le designer urbain **Claude Cormier**. À courte distance du quartier historique,

son sable fin, ses chaises, ses parasols bleus et ses brumisateurs ne peuvent qu'évoquer des images de vacances. Pour un verre entre amis ou un casse-croûte en fin d'après-midi, il y a même une buvette sur place.

DE FAÇON PONCTUELLE

- **Le Cirque du Soleil**
- **L'International des Feux Loto-Québec**

TOUTE L'ANNÉE

- **Le Spa Scandinave Les Bains** est un véritable cocon de détente aménagé dans un ancien entrepôt maritime face aux quais du Vieux-Port. L'architecture intérieure est signée **Saucier+Perrotte**.

- **Bota Bota, spa-sur-l'eau** est une oasis de relaxation dans un environnement inusité. Situé dans un ancien traversier converti en spa par la firme **Sid Lee**, on y a des vues imprenables sur **Habitat 67**, le **silo n° 5**, l'**écluse du canal Lachine** et le centre-ville !

- **Le Centre des sciences + IMAX** Pour une journée en famille.

- **Et pourquoi pas** une simple promenade le long des quais ? À moins de louer un vélo chez **Ça roule** (situé sur la rue de la Commune) pour une demi-journée ou une journée entière et se rendre jusqu'à Lachine en suivant la **piste cyclable** le long du canal (peut aussi se faire en **patins à roues alignées** ou en **ski de fond**). On découvre alors, sur près de 15 km, **cinq écluses** rouvertes à la navigation de plaisance, le **marché Atwater**, plusieurs parcs ainsi que des paysages urbains et industriels à couper le souffle !

POUR EN SAVOIR PLUS

La fonderie Darling :
www.fonderiedarling.org

La Ville de Montréal :
ville.montreal.qc.ca

Le Centre de commerce mondial :
centredecommercemondial.com

Le Château Ramezay :
www.chateauramezay.qc.ca

Le musée Marguerite-Bourgeoys
et la chapelle Notre-Dame-de-Bon-
Secours :
www.marguerite-bourgeoys.com

Le Palais des congrès de Montréal :
congresmtl.com

Le Vieux-Montréal :
www.vieux.montreal.qc.ca

Le Vieux-Port de Montréal :
www.vieuxportdemontreal.com

Sur les lieux historiques nationaux :
www.pc.gc.ca

Sur l'histoire du Vieux-Montréal :
Gilles Lauzon et Madeleine Forget,
*L'Histoire du Vieux-Montréal à
travers son patrimoine*, Montréal,
Les publications du Québec, 2004,
300 p.

Sur l'histoire du Vieux-Port :
Pauline Desjardins, *Le Vieux-Port
de Montréal*, Montréal, Éditions de
l'Homme, 2007, 200 p.

Tout sur Montréal :
www.tourisme-montreal.org

Viger Ouest/West

C

3

Saint-Antoine Ouest/Wes

Saint-Jacques

Notre-Dame Ouest/West

Saint-François-Xavier

A

Saint-Paul Ouest/West

William

Prince

de la Commune Ouest/West

Wellington

A Basilique Notre-Dame
   Notre-Dame Basilica

B Marché Bonsecours
   Bonsecours Market

C Place
   Jean-Paul Riopelle